所有的故事都脱胎于其他故事；
所有的阅读，都来自我们之前的阅读。

艾登

艾登·钱伯斯的中文签名
一份手写的礼物
透过纸页间的摩挲
跨越千山万水
抵达同样信仰阅读的你

All stories are made out of other stories;
all our reading is made by the stories we've read.

书

之 蜜 语

关于文学和儿童的偶谈

［英］艾登·钱伯斯 ◎ 著

任 燕 ◎ 译

现代教育出版社
Modern Education Press

序　言[1]

　　某晚，夜幕已经降临。我一个朋友的 5 岁小孙女只身一人来家里看他。小女孩独自从家出发，沿着一条光线昏暗的小路步行到我朋友家，途中还会经过一片让人感觉有点儿恐怖的小树林。"你难道都不害怕吗？"爷爷问她。"不怕，不怕，爷爷。"小女孩回答说，"一路上我都在给自己讲《小红帽》的故事呢！"

　　本书收录了我不定期撰写的多篇文章，内容涉及故事、儿童，以及作为两者之间桥梁的成年人。所有文章的共同点是：把书籍视为一种文学活动和教育活动来讨论。《书中的读者》是其中成文最早的一篇，于 1976 年完稿，1977 年首次公开发表。可以说，这篇文章的发表标志着我在文学批评与儿童阅读教育思想上的重要转变。同一时期我创作的小说《休息时间》（**Breaktime**）也是我在小说创作领域的一个拐点。

　　其他绝大部分文章都是我为具体活动撰写的演讲稿。由于我无法确定每次听我演讲的听众是否都已了解我所主张的基本观点，因此我总会不厌其烦地将一些内容再三重复。对此，我

---

[1]　编者注：本篇为英文版原序，略有删节。

已在编辑本书时尽力清理，若仍令各位感觉冗余，还请谅解。借此机会，我还对大多数文章进行了修订。

我在本书的编排上也有自己的考量。先借《文学在童年时期的作用》一文阐述了学界对儿童和儿童阅读的普遍认知，随后四篇文章则围绕文学这一主题，论述了我们如何看待文学，以及文学与儿童之间的关系。再往后的两篇文章与我本人的作品有关。其中一篇是我为《休息时间》和《在我坟上起舞》（*Dance on My Grave*）撰写的读后感，此前从未公开发表。最后两篇探讨了文学教育的相关问题，无论是对从事儿童文学教育的成年人还是对儿童自身都有所启发。

我还要例行公事地说明两点。首先，"文本"（text）这个词现在来看是存在问题的。所谓的文本，有两种解释：一是指作品、书籍本身，这是一般性用法；二是指语言中蕴含的一种无形的**格式塔**（gestalt）[1]，是我们在读书期间和之后回想起这本书时能够感受到的那种格式塔。两者的区别牵涉到当代文学批评的不同观念，是一个不容忽视的问题。因此，若我所指的是无形的**格式塔**，则使用粗体字"**文本**"加以体现。其次，我们必须尽快找到一个可以同时指代男女的人称代词。我对英语里的大男子主义深表愤慨，不得已会使用他／她、他的／她的来表明我的立场。

我要对很多人表示由衷的感谢。这绝对不是例行公事。其中有后文提到的每一位教师，特别是允许我引用其原话的各位

---

[1] 编者注：书中加粗的字词，为作者着重强调，特此说明。

教师; 有几百个曾与我畅谈的孩子, 你们是如此宽容、如此大方; 有各国相关会议的主办机构, 感谢你们信任我, 邀请我参会并发言, 希望我的发言不曾让各位蒙羞, 本书挑选的正是其中一些发言稿; 我还要感谢本书所引用文章的各位作者; 当然还有那些不吝赐教、积极支持和帮助过我的各位亲友——艾伦·塔克 (Alan Tucker)、戈登·丹尼斯 (Gordon Dennis), 我的编辑玛格丽特·克拉克 (Margaret Clark)。最重要的是感谢我的妻子南希 (Nancy)。

艾登·钱伯斯
于南伍德切斯特

目录

关于阅读的永恒真理

Some Eternal Truths About Reading

本章是钱伯斯先生欣闻《书之蜜语》即将与中国
读者见面后，于 88 岁高龄执笔撰写的新章。

设想一下，你不认字，大字不识一个，甚至不认识自己的名字。

那你是否认为自己还能像现在这样生活？或许在某种程度上勉强可以吧。但如果没有认识字的人帮忙，你恐怕很难保证一切如常。

千万年以来，绝大部分人类都不识字。不过，这也无妨，因为当时人类的生活方式就算不识字也没关系。但放到现在，我们所生活的这个时代，哪怕只是维持正常生活，也要知道如何使用传统的书面方式进行交流，更要懂得如何操作一些极为复杂的电子产品。为了维持最低限度的正常生活，我们还要认识五花八门的标志（signs），不仅是文字（words），还包括各种各样的符号（symbols）。

从这层意义上说，阅读掌控着我们的生活。换言之，阅读就是力量。它赋予我们谋生的力量，无论是独自生活还是成家立业，阅读都能帮助我们尽量过上向往的生活，尽可能实现远大的抱负与理想。

人类的文化是阅读的文化。这种文化以往从未像现在这样充满存在感。

如果我们接受这个事实，不妨提出以下问题：怎样才能为儿童提供最好的阅读教育，使他们成为有思想、有技巧、有鉴赏力的优秀阅读者，让他们在面对各种文本时都能享受阅读的乐趣？

想要回答这个问题，还是应该回到文章的开头，想明白人类究竟何以为人，人的本质是什么，与其他生灵究竟有何不同。

在本书收录的其他文章中，我从不同角度探讨了阅读的一些基本真理，并通过实例论述儿童和青少年如何在大人的帮助下，成为富有智慧和鉴赏力的阅读者，成为审慎的阅读者，不仅能通过阅读满足日常学习工作的需求，更能享受阅读本身带来的乐趣。

当然，在本文中我会将这些基本真理直言相告，以便于本书的读者建立初步印象。在后面的篇章中，我们会就阅读涉及的具体问题、如何培养阅读者展开更为详细的论述。

如果回顾本文最开始的话题，我们会意识到人类其实一直都是善言的种群。我们用言语（speech）传达信息、想法、指令、思想和感受。

我们尤其擅长讲述故事。讲述那些关于人类自身，关于我们自认为是谁、来自何处，以及如何走到今天这一步的故事；抑或是关于我们现在想做什么，死后又会发生什么的故事。

为了讲好这些故事，人类便学会了使用歌谣、诗词以及散文，还经常利用故事教育我们的孩子。

人类就是这样一个善于讲故事的种群。

但除了讲故事，我们同样善于演绎故事，一般是通过宗教形式的祭祀或者世俗形式的戏剧表演来实现。演绎的行为往往发生在特定的宗教祭祀场所或世俗场所——教堂、寺庙或者剧院——运用特殊的服装、面具、妆容和其他必要的象征性物品（演员称之为"道具"），当然也少不了配乐、歌曲和舞蹈。而一些特殊人群（牧师、演员）则负责演绎故事，并由信徒或观众在一旁观看。

换句话说，人类讲述故事的行为其实属于一种社会活动。

这其实是在提醒我们一个事实：人类是群居性动物。我们总爱抱团，无论是作为一家人、一个社群，还是一国国民。正是出于这个事实，对犯错之人最残酷的惩罚之一就是单独禁闭。这种惩罚令人不堪忍受，以至于现今社会将单独禁闭视为一种虐待。

除了讲述和演绎故事，人类还会制作各种符号。我是说，我们会画画。我们会在地上、墙上、某个物体上画画，也会在石块、木片和金属板上画画，当然，我们也会在纸上作画。今天，还有很多人喜欢用电脑等电子记录工具绘制作品。

这些符号，或者说画作，往往会表现人类自身的形象、动物花草、山峦河流，或者我们特别关注的活动。某些符号颇为抽象：我们通过图案表达思想，传递间接含义，给人以美的享受。现代人将其中一些符号称为"艺术品"并置于专门的场所（博物馆、画廊等）进行展示。

人类出现以来所创建的某一类符号在历史的长河中逐渐演变，成为书写符号，并专门用于表示言语。数学家、科学家、医学家等职业人士则发展出了属于本行业的一套书写体系——用来沟通复杂知识与理论的具体标志与符号，用来传递一般性质的日常口语和通用书面语言所无法准确表述的信息。

换而言之，所有的书写行为其实仍属于绘画行为。

既然所有的书写行为都是绘画行为，推而论之，所有的书写行为也可以等同于阅读行为。如果那些符号无人看得懂，也就不能将制作这些符号的行为称为"书写"，而如果无法读懂符号的含义，发明这些符号也就变得毫无意义。也就是说，书写和阅读都具有象征性。这是两种不同的行为，但就其本质而言却有着密切的关系。

然而，千万不要忘记，自人类诞生后的数千年间，我们既不会写，也不会读。保守一点儿估算，人类至今至少已存在了十万年之久。问题是，迄今发现的可被认定为人类早期书写痕迹的线索属于什么年代？答案是不超过一万年。人类自出现以来的大部分时间里，既不会写，也不会读。

为何读写能力的出现需要经历如此漫长的等待？

神经学家其实已经对这个令人困惑的问题给出了解释。研究表明，人类身上并不携带书写和阅读的基因，我们并不是天生的书写者和阅读者，书写和阅读均来自人类的发明创造。这是大脑运作过程中最为复杂的两种活动。只有当大脑容量发展到足够大、足够"复杂"时，人类才有幸发明出了这两项高度"复杂"的行为过程。

人类不得不耐心等待了数千、数万年，才等到我们有能力将想说的话记录下来，才能让语言超越空间、时间的限制，以永久的形式保存下来，不必担心遗忘，也不必全都记住。人类知道的越多，需要记下来和写下来以供日后思考之用的也就越多。最终，人类逐渐建立起一个庞大的知识库，没有任何人可凭一己之力完全了解、完全记牢。

时至今日，如果不能熟练掌握读写技能，任何人都无法轻松自如地生活。于是，人类不得不学习如何掌握这些能力。

由此便出现了一个问题：以上种种真理，无论是关于人类自身的，还是关于人类历史的，与成功教导孩子成为阅读者和书写者之间究竟有何关联呢？

没有孩子天生能读会写，所有人都要进行后天的学习。写字和阅读并非人类与生俱来的能力，而是属于文化范畴的能力。

那么我们又是如何学习文化类课程的呢？

答案很简单：通过模仿。

婴幼儿时期，我们通过模仿身边人的言语行为学习说话：我们的父母、保姆，或其他家庭成员，以及我们出生、长大的社区的语言习惯，是我们最初的学习范本。正因为如此，我才会讲英语，而一个中国宝宝才会说中文。

从孩提时代进入青春期，我们的模仿对象逐渐变成了那些让我们感到敬佩、向往和想要成为的人。

例如，青春期的孩子无论是言谈举止还是穿衣打扮，都喜欢模仿心目中的"偶像"。这些"偶像"往往不再局限于家庭成员或邻里，而是与孩子们同样年轻的流行歌手、体育巨星和演艺圈名人。随着广播、电影、电视和社交媒体的不断发展，这些人的影响力无处不在，并愈发国际化，对青少年的影响甚至超越了父母和家庭。

儿童学习自主阅读的过程，相当于重新演练了一遍"人类发展史"——这是关于阅读的一个真理。令人颇感意外的是，这个演练大多数人在三四岁的时候就完成了。

人类的文化是在模仿中习得的。这表明了一个学习阅读的基本真理：这种学习首先要靠听，然后才能模仿。

换句话说，我们应该先把故事讲给孩子听，再鼓励他们尝试讲述自己编的故事。不仅如此，我们还要为孩子大声朗读各种故事，同时让孩子注视我们正在读的书，从而逐渐学会自主阅读。从孩子出生到不断长大的整个过程，这种做法都要贯穿其中，甚至应当坚持到青少年时期，因为这是培养优秀阅读者必不可少的前提。

大声朗读就是一种最基本的教学活动。

言语是需要人们运用智力去理解的音乐。由于它是一种音乐，因此必然会有节奏、速度——时快时慢，时而"行板"，时而"中板"；必然会有曲调、和声，有时还会有不协和和弦；可能这一刻还十分寂静，瞬间又爆发出戏剧张力，迸发出强音。

所有的书面文字，无论是传统形式还是数字形式，都好比是一段乐曲的乐谱。只有懂得如何识谱，才能知道如何演奏。而学会识谱和演奏的最佳方式，自然是由懂得这项技能的人言传身教。

而朗读，就好比是音乐老师在向学生示范如何识谱、如何演奏。和学习演奏乐器类似，重复练习必不可少。重复本身就是一个学习的过程。正因为如此，小朋友才总是让大人一遍又一遍地为他们讲述同一个故事，即便里面的每一个字他们早已熟记于心。

脑科学研究者指出，当耳朵听到新信息时，大脑就会专门开辟一条接收该信息的"路径"（pathway），而想要让这条路径始终保持畅通，就需要通过不断的重复来加以强化，令其在大脑中的印象更为深刻，直至变成永久内容保存在大脑中。换种说法，我们因为强化训练记住了这个信息。

话虽如此，但同时我们也不要忘记：自人类诞生以来，人们就在不断制造符号，演绎故事。刚出生的孩子，通常仅有几个月大就发现自己可以在各种表面上制造符号了，是的，他们发现了自己的超能力——"涂鸦"。这种行为似乎是与生俱来的。

所有的小孩子都喜欢画画，所有的人类都擅长讲故事，而画画是书写的基础。由此可知，画画理应成为阅读教育的一个环节。我们总是鼓励孩子把自己想要表达的故事画出来，然后再将画面传递的内容讲出来。

学习书写也是同样的道理。我们鼓励孩子写故事，然后再大声地读给我们听，就像孩子小的时候我们也会为他们精心挑选绘本，然后再读给他们听一样。我们选择那些绘本是因为对孩子来说那是新鲜的体验，即前面所说的"打开了大脑中的新路径"——将不同类型的文本输入孩子的大脑（这也是某种阅读），只不过孩子无须自己选择而已。

换言之，在孩子自身能力尚不具备的情况下，通过大声朗读这种方式可以帮助孩子像真正的阅读者那样飞速进步。

（有人会问：那老师的工作又是什么呢？其实，老师的作用就是带领孩子探索那些孩子自己无法涉足的领域，在这个过程中让孩子爱上这种体验，逐渐渴望自己阅读"新的"文本。孩子不会做的事情，由老师先做示范，再让孩子通过模仿"亲自尝试"。）

同样地，正是由于人类擅长演绎自己的故事，我们才必须鼓励儿童将他们的故事演出来，我们称其为"游戏"（play）。但在英语里也用同样的字眼称呼被搬上戏剧舞台的故事，即"戏剧"（plays），并将演员的表演称为"演戏"（play）。

还有一种行为，似乎也是幼儿早期阶段表现出的一种自发行为。一旦孩子理解有一类特殊的物品被称为"书"，并发现其中印着各种图片和符号（我们称之为"印刷语言"），他们就会热衷于用书来进行"表演"。

如果看到大人拿起这些书读给自己听，孩子很快就明白这些好听的故事原来就来自纸上印出来的那些符号。接下来，他们便会模仿大人，用自己的语言表达自己的所见所闻。他们是如此自得其乐，以至于无须任何人的帮助。渐渐地，孩子就这样学会了自主阅读。

不过这里又出现了另外一个必要条件，那就是我们只能阅读手头现有的东西。

为了能够尽可能多地阅读纸质书籍（"电子书"留待下文讨论），就需要在身边常放一些自己感兴趣且能够"读懂"的好书。即便最初只是一些图片也无妨。在五花八门的书籍中，你总能发现有些对自己特别有吸引力——那些就是"适合"你的书。

在各种书中，有些是我们非常熟悉、非常喜爱的；有些在语言水平和故事内容上适合当前阅读；还有一些可能暂时超出了我们自行阅读的能力，尽管如此，我们或许仍想试着读一读，因为人总是有"上进心"的，希望走得更远一些。

阅读教育若要取得最佳效果，最好让孩子从出生时起，就与书籍为伴。遗憾的是，很多孩子并没有这么幸运。大量家庭的藏书量屈指可数，家里的成年人几乎从不阅读。针对这种情况，公共图书馆的作用就愈发凸显了。家长和监护人应当从孩子出生时起，就定期带孩子前往公共图书馆阅读。

学校图书馆的作用更不能小觑。因为只有在学校，所有学生，特别是缺乏家庭阅读氛围的孩子才能随时阅读。

上述事实为我们提供了一个至关重要的教育方案。

第一，必须每天坚持为孩子、为学生讲各种类型的故事。

第二，每天都要坚持大声朗读，无论是故事、诗歌还是其他类型的文本都可以。

第三，特别是在早期教育阶段，必须为孩子提供必要的涂鸦和绘画材料，让他们尽情演绎自己的故事，演绎那些听大人读过或者自己读过的故事。

第四，用书籍包围孩子，给予孩子充足的时间尽情徜徉书海以发现自己喜欢的内容，或者大声地讲故事给孩子听。

第五，等到孩子可以自主阅读后，就要每天留出固定时间让孩子安静地阅读，也可以让他／她和同学、伙伴一起阅读。为什么要一起阅读？因为人类具有社会属性，需要共处。大家聚集在一起做某件事，效果往往最佳，就算只是各干各的，效果也会更好。

第六，由于书写和阅读相辅相成，因此必须鼓励儿童和青少年多写、多画。主题可以是自创故事，当然也不妨是任何孩子想要写出来、画下来的东西。随后，将这些成果变成自制书，可以是纸质的，也可以制作成电子版。写出来的东西总是希望别人能读到。因此，有必要让孩子们彼此分享自己的作品。

第七，人类天生善言，无论好恶都喜欢与朋友分享，并在此过程中对自己的所思、所感、所知进行更深层次的挖掘。基于这个事实，儿童和青少年也要经常性地把阅读心得拿出来与大家探讨，旁边还要有一位好老师，懂得如何帮助他们对阅读体验进行"更加深入的挖掘"。这种探讨有助于年轻的阅读者进一步领悟书中内容。没有老师的帮助，他们或许很难理解得那么深刻。

如今，出现了一种新形式的"书籍"，我们称之为电子书，即需要通过平板、手机或电脑等设备来阅读的书籍。对于电子书，文字和图片不再是传统模式下用油墨印刷在纸张上的内容，而是变成了信号转换的产物。它们呈现在屏幕上，就像印在书页上那样。

学习阅读和写作的真理也同样适用于电子书。然而纸质书和电子书之间仍然存在着巨大的差异。

阅读电子书和纸质书是两种不同的体验。

电子书的内容通过电子脉冲信号或数字信号转换呈现在屏幕上，它本身与其中所包含的文字和图片两不相干。除用于阅读，这种设备还具备多种功能——搜索信息、发送消息、拍照、录音、录视频等等。换言之，电子书并非是作为一件独立的物品单独存在的。

而纸质书却是独立存在的物品。它能唤起我们的触觉。把书拿在手里时，我们能感受到它的分量。而手捧书本本身就是阅读的一种体验，这种体验是如此重要，甚至会影响我们对所读内容的感受和想法。有些书拿起来和读起来都令人身心愉悦，有些却恰恰相反。纸质书不仅能唤起触觉，其独特的气味同样也会对我们的阅读体验产生影响，尽管这种影响通常不易被觉察。书的纸张大小、印刷字号均是固定的。书页按照一定的顺序排版装订，不能随意更改。同理，印在上面的文字和图片自然也是不变的，本来也不该被任意篡改。书页在手中来回翻动，时而跳读，时而回溯，都是美好的阅读体验。

书籍是具有独特性的物品，这意味着它总是可以"保持原样"。

而电子书却没有纸质书的那种触感。看似"页面"的东西有名无实，也没有任何味道可言。无论是文字、图片，还是页面顺序，都可以被随意更改。页面和"字号"的设定可大可小，还能进行"删除"操作。

纸质书的一切由作者说了算。读者只能接收作者希望我们接收到的信息，并不能任意删改。而电子书却可以让读者反客为主，随意改变作者的成果和意图。

对于电子书，我们拿着的并不是书籍本身，而是平板电脑这个外壳。而平板电脑的触感和重量感与其中收录的电子书内容全无关联。

就在不久前，我在意大利和当地 250 名年龄在 11 到 19 岁之间的青少年展开了一场对话。那是在某个图书节的活动现场。我问他们是否读过电子书，所有人都表示自己读过。我又问，电子书读起来和纸质书读起来是否不一样？他们说的确不一样。我问主要是哪些方面不一样呢？答案五花八门。比如，有的孩子说，自己还是喜欢把书拿在手里的那种感觉；有人觉得纸质书的个人化色彩更浓；有的孩子说，纸质书翻找页面更方便，可以向前向后随便翻找；还有人说，读纸质书比读电子书能坚持更长时间，因为电子书只要读一会儿，眼睛就会觉得累。诚然，旅行时携带电子书确实要方便得多，因为电子书可以储存大量内容，选择范围更广，不必走到哪里，就把一大堆书带到哪里。也有人说，读纸质书的时候，他们往往会放慢速度，注意力也会更集中。

我告诉他们，其实我自己也用过电子书。不过如果我在阅读电子书之后，发现这本书的内容特别好，那我就不再继续阅读电子版，而是会购买纸质版本进行深入阅读。我问大家是否和我一样，这一次，几乎所有的孩子都举起了手，表示自己也是如此。

他们说，电子书对于搜索信息来说是非常方便的。但如果是小说、诗歌以及那种需要高度集中注意力且需要反复揣摩的书籍，就不适合读电子版了。也就是说，就那种纯粹以阅读为目的、不掺杂其他任何目的的阅读行为而言，电子书是不称手的。

大家都表示，电子书读起来"一目十行"，而纸质书则更适合细细品读。相对于电子书，纸质书在阅读过程中会引发更多的思考。可以说，电子书属于瞬时满足，而纸质书带给人的满足感却是长久的。

这群年轻人出生于新兴的电子文化时代。对他们而言，电脑和电子书是再熟悉不过的东西了，自出现以来就是生活中的常见物品，司空见惯。基于这个理由，这些年轻人应该不会是出于新鲜感而做出了某种失之偏颇的判断。他们的判断是理性的，是基于他们对纸质书和电子书的实际差异对比而做出的。

专门研究人类阅读时大脑活动的科学家发现，（由于阅读形式的变化，）现在阅读时人类大脑的活动形式与过去相比有所不同，这种改变令人担忧。

其中一个改变是，现在的大脑需要学习如何同时兼顾多种功能。举一个最为明显的例子。年龄稍大的人会发现一个令他们迷惑不解的现象：当下的青少年似乎可以同时做到耳朵听着音乐，眼睛盯着电脑屏幕，手里一边发短信一边写作业，嘴里还讲着电话。但问题是青少年通常无法保持长时间的专注。他们的大脑擅长瞬时集中注意力，但专注力不够长久。其实，他们并非真能做到一心多用，只是因为功能与功能之间的转换就在瞬息之间。这就相当于青少年在训练他们的大脑去适应短时专注，倾向于选择阅读篇幅短小的文章，更愿意使用缩写，并且习惯使用表情符号而不是词汇。

问题在于，如果想要就一些艰深学科和概念进行深入和复杂的思考，就需要长时间集中注意力。除了最简单的重复性劳动，想要从事任何职业、开展任何活动，高度集中注意力都是必不可少的。这引发了教育界的普遍焦虑：我们该如何面对目前的形势，如何引导和教育年轻人在适应全新阅读方式的同时，也能具备长时间集中注意力的能力和意愿？

答案又回到了那个永恒不变的事实本身：如之前所说，在我看来，通过打造阅读环境（大声朗读，让书籍触手可得，默读，以及一起讨论阅读心得），就能达到上述目的。

在我的书《说来听听》（*Tell Me*）、本书后面的文章以及本书的姊妹篇《读之蜜语》（*Reading Talk*）中，都有很多颇具实操性的例子，可以详细解释我所谓的"阅读环境"究竟是怎样的，以及如何才能最大限度地帮助孩子、帮助学生高质量地转述他们读到的内容，以更好地发展他们作为"深度专注阅读者"（deep concentrated readers）的能力。

既然我们每个人的日常生活都离不开阅读，那么，教会青少年熟练掌握阅读技巧，就变成了当下所有教育工作者义不容辞的责任。

2022 年 3 月

第一章

文学在童年时期的作用

The Role of Literature in Children's Lives

1981 年，国际学校图书馆员协会（International Association of School Librarianship）邀请我在他们的年会上做一个开幕讲座。讲座的题目是"全民学校图书馆？——关于特殊儿童"（School Libraries for All? : The Special Child）。当时恰逢该协会成立十周年纪念，年会在威尔士阿伯里斯特维斯的图书馆学学院举行。我的任务是就"文学与儿童的关系"，用通俗易懂的语言为台下来自不同国家、说不同语言的学校图书馆工作者进行一般性概念的普及。之所以把这篇演讲稿安排在本书较为靠前的位置，亦是出于同样原因：它是一个起点，统领本书其他发言稿所承载的主要思考。

*

我的一个朋友对收集各种段子乐此不疲。一天，我正在书桌前苦思冥想，他恰巧来电，并给我讲了一个从广播里听到的段子。他说，你工作的时间可真不凑巧，因为那个时间段的广播节目经常会讲很搞笑的段子，他正好听到了一个，你或许也会喜欢。

我这个朋友以前当过几年老师，后来辞职不干了。因为他无法忍受在英国中学教书的日子，觉得极其讽刺。他是英语老师，曾怀揣满腔热情地认为，并且时至今日也依然相信，教授文学是最具崇高价值的一份事业。然而没过多久他就发现（其实我比他发现得还要早一点），按照英国学校的要求，他不得不将所有时间都花在工作上。他和学生根本就没有时间阅读文学作品。无论上班还是业余时间，他都终日忙碌，无暇看书，充其量就是为了准备各种考试而带学生突击翻看几本相关的书。随心所欲地读书、以阅读为乐的希冀，被挤进了生活中疲惫的角落。他认为，想要成为一名优秀的文学课教师，首先自己就要开展广泛且深入的阅读。于是，他辞职了。如今，他在工厂干起了三班倒的工作，拥有了充足的阅读时间——挣得也比以前多。

那天，他给我讲了一个出租车司机的故事。那个司机曾经载过伯特兰·罗素（Bertrand Russell）。司机说："那人一上车我就认出他是伯特兰·罗素。他坐好后，我就转过头对他说：'嘿，罗素先生，一切可好呀？'你猜怎么着？他竟然被我问得哑口无言！"[1]

此时此刻，这个令人心生敬畏的问题让我惴惴不安："这世间万物存在的意义究竟是什么？"为防自己突然掉下悬崖，尖叫着死去，我必须要说："我没法回答！"我决定，接下来的发言也应该分成两方面来讲。之所以这样做，是因为我意识到这次演讲的标题其实有着双重含义。第一重含义是指文学在儿童内心世界起到的作用，即文学如何影响着他们；另一重含义是指文学在儿童外部世界起到的作用，即我们应如何在儿童所处的外部环境中正确陈放文学作品。

第一重含义让人感觉有点儿"疏离"（chilly），因为其中涉及的各种理论和假设时至今日依然难以盖棺定论。你当然可

---

[1]　译者注：原文为"What's it all about then？"，亦可理解为"这世间万物存在的意义究竟是什么？"。

以接受这些理论和假设。但若真想证明我们自以为了解的一切就是对的，尚有很长的路要走。第二重含义则更具实操性，就像阅读一篇要"如何打开青豆罐头"的说明书，很容易就能厘清它的来龙去脉。尽管如此，对于任何一份说明书，你只有先接受它的理论、赞同它的理由，并相信这件事情值得你费功夫，它才会引起你的关注。如果你根本不想吃青豆罐头，当然就不会白费力气去阅读说明书。

就好比本次会议的说明书上写着：我们应当认真探讨学校里部分特殊群体的需求。但是从某种意义上来说，我们所有人都很特殊啊！我们都是有着特殊需求、天赋、缺陷、怪癖和障碍的个体。同样的道理，无论成年人还是儿童，在一个根本的、极其重要的方面别无二致——都是人类。文学的一个重要特征正在于此，它涉及人类为数不多的共同特征之一——语言，但又不仅仅是语言本身，因为就算是鸟儿似乎也有自己的语言，海豚也是。我甚至可以用自身经历担保：小小的蜜蜂也有它们的语言。因此这不仅仅是语言的问题，更是使用语言的具体方式的问题，我们称之为叙事（narrative）。这其中包含了故事、诗歌、戏剧，以及所有想通过文字告诉我们，在谁身上发生了什么事，以及为什么会发生这些事的书写。

我甚至可以不夸张地说，正是出于语言的这种特殊用途——文学用途，也有人称之为"故事化"（storying），才能给人性以及我们"何以为人"一个明确的界定。我想说的是，这种特殊形式的语言，以及人们运用这种语言的技巧，赋予了我们生而为人的能力，让我们有可能理解超越自身的事物。然而如果我们继续往下讲，就不得不牵扯到某些令人不太愉快的信仰表态问题，我曾发誓不要惹火上身，因此我们最好就此打住。

论述文学价值的著作还有很多，三言两语不可能阐述得清。但曾经有人试图将各种观点精炼成句。当然还没人真正成功，但有一个人的表述令我深以为然。埃兹拉·庞德（Ezra Pound）曾说："文学是历久弥新的新闻。"庞德想要揭示文学在这方面的作用，这恰恰也是我想重点探讨的内容。因为这与我们今天的主题密切相关。请记住，文学是语言与形式之间的一种特殊关系。在此，请容我冒昧一试，分享我对文学所下的一句话定义。

文学为想象提供了画面。

让我们设想一下新生儿的生活吧。自从呱呱坠地，触觉、味觉、嗅觉、听觉、视觉，各种感觉就向他 / 她扑面而来，无异于一场突袭。能否顺利生存，取决于这个婴儿是否能理解所有这些数据。

等到生存有了保障，人类就渴望成为拥有文化内核的物种。这就需要我们理解周遭的环境和我们自身，并能将这种理解在彼此之间进行沟通。更为重要的是，要培养一种未雨绸缪的能力，对尚未显现的因果关系做出预判。说得直白一些，即人类需要找到一种方式命名接收到的数据，再将这些数据以各种形式组合起来，帮助我们判断哪些事可为、哪些事不可为，并在真正付诸实践之前，知道"可为之事"会产生哪些后果。一言以蔽之：人类不仅要成为操控者，还要成为自身与环境的造物主。

我们又是如何做到这一点的呢？和涉及人类的所有事情一样，答案既复杂又简单。我家孩子的百科全书上说，人类学家的报告表明："有人的地方就有语言。"而我想说，有人的地方，就有人用语言讲故事。

闲聊，是最基本的故事讲述形式，其内容大多是人们日常生活场景中遇到的各种事。闲聊就像肥皂剧，有趣但实属鸡毛蒜皮。但闲聊偶尔也具有某种令人神往的影响力，能够超越时间与空间的限制，年复一年地从这个人传给那个人，这儿稍微改一改，那儿稍微做点润色。于是，闲聊就此改头换面，成为我们口中的民间传说。如果内容涉及上帝（当然也可以是诸神），那就是神话；如果内容涉及生活中稀奇古怪的事情或者超自然现象，那就是童话；还有一类闲聊，试图触及事物的本质，重点在于分享体验而非解构体验，那便是诗歌。我想这就是奥登（W. H. Auden）所谓的"记忆的言语"（memorable speech）。

无论我们如何分类，一个重要的事实是：人人都会讲故事。我们总是以这样或那样的方式，讲述我们自己或其他人的故事。成年人当然还会用其他方式审视世界；至于儿童与故事的关系，有一点很值得我们关注。正如詹姆斯·莫菲特（James Moffett）在《英语教学中的论域问题》（*Teaching the Universe of Discourse*）中所说：

成年人会用专门的话语、概括和理论对各种思想加以区分。但儿童注定会在相当长的一段时间里，用"叙事"这种单一的方式来表达所有想法。但凡儿童想要说点什么，几乎毫无例外都会采用讲故事的方式——或真实或编造。同样地，儿童也以"听故事"的方式来理解其他人说的话。这些年幼的学习者并不会把类型、经验理论挂在嘴边，更不会阅读这类书籍。他们通过聊天和阅读认识故事角色、事件内容和具体场景。（这些元素）具有象征意义，代表着无意识的分类和经验假设。

"儿童是用叙事搞定一切的。"若果真如此，我们就不用为文学究竟在儿童生活中起什么作用再寻求其他解释，也可以忽略孩子作为个体的具体需求，甚至也就不必一再重申图书馆的重要性了。不过这样一来，倒是恰好能为我们揭示儿童需要的图书馆究竟应该长什么样。

在我们将这个感觉"疏离"的理论束之高阁之前，我还想再多说几句。（我喜欢把"疏离"这个词与理论联系在一起，因为"chilly"的内涵是寒冷、痛苦和相当不愉快。我发现，一提到"理论"这个词，通常也会唤起人们类似的感受。但与之同音的英文单词"chilli"则意指辣椒，令人一听就感觉嘴里火辣辣的，味蕾被调动起来，近乎歇斯底里。在我看来，理论恰恰应当在我们的思想领域掀起这样一股热浪。）

我对文学的定义是：文学为想象提供了画面。和所有听起来冒傻气的所谓"金句"一样，这句话也需要进一步阐释。接下来，我就从"原始素材""聪明的脑袋瓜"以及"时间机器"三个方面入手，为我的定义进行拓展。

和其他任何一种创造性活动一样，思考需要原始素材。虽然我不了解各位的情况，但我认为单凭自己永远无法产生足够的原始素材。我需要的素材大多来自他人。我自己能生产的素材远远不够，无论是从经验、知识、想象力，还是从语言上来说，都远远不够。换个角度说：思考绝非某种独立的个人活动，而是一个分享的过程。我们都是人类智库的一分子。

任何经历过单独禁闭的人都会认同我的话。这可是经验之谈，我曾有过很多独处的经历。监狱当局把独处称为"单独关押"；有一些宗教的信徒把独处称为"蒙召"。然而，被当作惩罚手段的独处，和作为响应"圣召"的独处，两者判若云泥。监狱当局不允许单独关押的人以任何方式跟任何人交谈，这就是惩罚。修道院也不允许你和其他人交谈，但却要求你必须读《圣经》，这样的独处会提神醒脑。（或许在座各位还有印象，《圣经》堪称一座文学宝库，由各种故事、诗歌、历史、哲学甚至生物学的知识组成。）

C. S. 刘易斯（C. S. Lewis）曾用一句话对此盖棺定论。他写道，我借由文学，"阅人千百而依旧故我"。监狱当局知道，最残酷的惩罚手段并非是从物理空间上把人隔绝开，而是切断他们试图相互交流的途径——使之陷入完全孑然一身的状态。人们彼此倾诉，袒露内心所想，倾听对方感受，就能最大限度地保留人性、维持理智、心怀希望、富于创想。一句话，这样的人才是"活着"的。而一旦切断了故事化的道路，人就"死"了。

对于这位带着被单独监禁的深刻体验走出教堂的前神职人员来说，一本伟大著作开篇写的一句话，时至今日仍是不可否认的事实，尽管其含义来自读者的解读。"太初有道，道与神同在，道就是神。"[1] 正是借助文字这个"道"，经由文字这个"道"，通过文字这个"道"，人类才能理解自我。如同其

---

[1] 译者注："In the beginning was the Word, and the Word was with God, and the Word was God."《圣经·约翰福音》开篇，原文中 Word 字面意思为"文字"，此处译为"道"。

他不朽的诗化小说，《约翰福音》提供了极其丰富的原始素材，帮助我们不断创造和重塑内心世界。

有人会说，好吧，你说得很好，前提是你得既聪明又有钱，毕竟文学带有精英色彩。最近，我在某个图书馆学学院做了一场关于儿童文学的公开讲座。后来，我收到了当天在场的某个匿名粉丝的来信。他写道："亲爱的钱伯斯先生，我想告诉您，您的演讲完全是在浪费时间……这件事对 90% 的人的生活几乎不会产生任何影响。"

我的这位粉丝对讲座的看法或许是对的，但他掌握的数据却大错特错。在世界上的某些地方，儿童文学教育对百分之一百的儿童都没有影响。在英国，这一比例约为 60%。然而据我所知，在一些课堂上，这个比例显然为零！在那些地方，每个人、每一天都沐浴在文学的滋养之中。因此对于精英论的问题，我首先要表明态度：文学本身并不带有任何精英色彩。是有人故意通过剥夺的手段导致了这一结果。如果你不相信文学行为的重要性——或者恰恰因为你知道文学行为非常重要，因此不希望其他人也拥有这种权力——那么你就不会为它提供财政或环境方面的支持，就不会建立一个将文学置于中心地位的教育体系，就不会保证口头或书面文学的门槛足够低、足够方便。

文学与精英主义毫不搭界，更不是只有聪明的脑袋才能享有的特权。文学的真理在于它是大众的，文学属于人民。文学源自我们共同的人性——散文或诗歌中的词汇，其目的不在于传达事实，而在于运用创造性的想象力讲述一个故事 [大卫·戴希斯（David Daiches）在他的《文学批评方法》（*Critical*

Approaches to Literature）中这样论述]。文学之所以伟大，就在于它超越了人与人之间的差异，比如所谓的"聪明程度"，再比如社会群体、信仰，以及其他障碍，超越了所有人为、自然产生的将人彼此区分的障碍。

在一定程度上，"文学精英论""文学只造福于特定类型的聪明人"的观点，源自我们高估了某几类文学作品的价值——通常是一些篇幅长、内容复杂、需要大量知识背景作为支撑的文学作品，同时又对那些篇幅简短、不太费思量的作品过于贬低。请允许我补充一句，我从阅读长篇的、复杂的、费脑的文学作品中获得的乐趣绝不比任何人少。但重点不在这里，重点在于文学包罗万象。即便是以最简单形式呈现的文学作品，也比文字的其他形式更为深刻。

让我们通过《狐狸与公鸡》（*Fox and Cock*）的故事进一步理解上述观点。

一只公鸡正趴在篱笆上晒太阳。

狐狸看见了他。"多么美味的一顿大餐哪！"他这样想。于是，狐狸俯卧在灌木丛后面，伺机而动。

"瞧我多漂亮！"公鸡自鸣得意地说。他梳理自己的羽毛，把胸脯挺得高高的。然后又大呼小叫，恨不得让全世界都知道他多么威风。

狐狸站起来，小跑到篱笆旁。"早上好啊！公鸡。"他说，"您的歌声真是美妙。"

"谢谢，狐狸。"公鸡回答道，"我确实有一副好嗓子，别怪我把自己夸耀。"

"您能为我高歌一曲吗？"狐狸问道。

"乐意至极。"公鸡说。他双眼一闭，仰起脑袋，再次啼叫。

狐狸看到机会来了。他一跃而起，一口咬住公鸡的喉咙，叼着转头就跑。

"放我下来，放我下来。"公鸡赶紧求饶。"救命！救命！"听到公鸡的呼救，农夫发现出了事。"站住！小偷！"农夫一边喊一边追了上去。

农场里所有动物——猪、牛、大白鹅，当然还有一大群母鸡，都听到了农夫的喊声，也跟着追了出去。

"他们在追你。"公鸡喊道。

但狐狸仍旧不停地跑。他知道自己跑得比农场里任何动物都要快。公鸡也知道。

"哦，狐狸啊！"公鸡说，"你跑得真快！他们永远都抓不到。你应该这样告诉他们。"

狐狸很得意。他掉头喊道："你们真慢！这只鸡是我的了！"

但当狐狸张开嘴，公鸡就拍着翅膀飞上了一棵树。

狐狸不敢停下脚步，只得继续往树林里跑。

"我真是个傻瓜。"他自言自语道，"有时候把嘴闭上更好！"

不消说，这可能就是某个版本的伊索（Aesop）寓言故事。

很多年前的某一天，有一个5岁的男孩，字还不认识几个，他听到了上面的故事，以及《伊索寓言》里的很多故事，都是由其他人大声读给他听的。他当即就着了迷，花了几个小时仔细研究书中的插图。他属于大脑发育比较迟缓的孩子，直到 8 岁才学会流畅地阅读。等他自己能读《伊索寓言》之后，他更是读得废寝忘食。许多年过去了，当有人请他为六七岁的孩子推荐一些故事时，他立刻就知道该推荐些什么。因为在他还是一个无法阅读的六七岁孩子的时候，那些寓言故事曾带给他无穷的乐趣，至今他仍记忆犹新。于是，他用《伊索寓言》的形式创作了 3 个关于狐狸的新故事，并给这本书取名《狐狸的把戏》（*Fox Tricks*）。［就算你不是哈迪男孩（Hardy Boys）或者南希·德鲁（Nancy Drew）[1]，也肯定能猜到我说的那个孩子就是我本人。从那时起，我便发现所谓"大脑发育比较迟缓"的问题其实不过是：你明白得晚了一些。］

上面的故事再次向我们证明：文学为想象提供了画面。这就是《伊索寓言》对那个小男孩的影响。作为一名"大脑发育迟缓的男孩"，《伊索寓言》里的故事一次次慰藉和鼓舞了情绪低落到极点的我，尤其是《龟兔赛跑》的故事。（顺便提一句，自从听了这个故事，我就产生了一种不理智的、至今仍未得到满足的欲望——养一只乌龟当宠物。然而细品我当时的那种心情，就会发现，那何尝不是文学潜移默化影响力的另一个证明呢？文学在我们内心催生出了过去不曾有过的需求与渴望。）

然而关于《狐狸与公鸡》，我想提请各位注意，这是一个再简单不过的故事。大声朗读只需 2 分钟，原文只有区区 297

---

[1] 译者注：哈迪男孩和南希·德鲁是在英美儿童中颇受欢迎的虚构侦探角色。

个英文单词。现在，不妨请各位用不超过 300 个词的篇幅写一写故事里发生的事，遣词造句只需要和原文一样简单易懂即可。

其实我们都知道试了也是白费力气，这样做毫无意义，除非是文学批评家在进行专门训练。我们自知挑战必败，是因为我们清楚对任何文学语言的运用，想要传达的意义似乎总是多于字面意义。非文学用途的交流往往力求言简意赅、准确表达。而文学语言则恰恰相反，甚至会采用反讽等诸如此类的手法，就是为了反其道而行之。这种做法真是令人恼火，怎奈作家们乐此不疲，非常享受。

《狐狸与公鸡》描写了一连串事件，涉及两只动物，其中一只狡猾而饥饿，另一只骄傲却愚蠢。我们看到，谄媚几乎使愚蠢之人丧命，但关键时刻却又能救人一命。还是说，这个故事是想说明沉默才是明智之举呢？

话又说回来，大家都知道这个故事描述的并不是真实生活里的小动物。即便只是 5 岁大的"晚慧"男孩，不用别人说也能理解这其中的道理。毕竟这只是一个故事，"晚慧"的 5 岁男孩可能会说这是"编的"。一个谎言，你也可以这么说。然而任何一个乡下孩子都会告诉你，真的狐狸确实会像故事里的狐狸那样，而公鸡也可能和故事里的公鸡很像。故事里包含着真实的生活。那么可以说，这就是真相，只是以谎言作为伪装；或者说根本不存在什么谎言，只存在以某种形式呈现的真相。

无论如何，伊索不是在说动物，对不对？我们也懂。那么他究竟是在说什么？在说谁？是在说人吗？环顾我们身边，是的，我们确实注意到有像狐狸那样的人存在。我 6 岁的时候就遇到过这种人。他叫彼得·斯科菲尔德。比我大，也比我狡猾。

听过《狐狸与公鸡》的故事后，我试着拍他的马屁，结果还真奏效了。我夸他把他那些 Dinky 牌的玩具车保护得可真好，于是我得到了玩这些玩具的机会。至于公鸡，在我心里并不是一个男孩，而是一个女人。她家和我家大概隔着三户人家。我觉得她是一个——我猜此处应该有画面——自命不凡的女人。我发现只要我奉承她，她就会笑得扭捏作态，明显飘飘然起来。于是我就可以和她漂亮的女儿一起喝茶了。毕竟我并非在所有方面都"晚慧"！

等等，如果我们换个角度看待《狐狸与公鸡》的故事，就会发现它既不是在说动物，**也**不是在说人；既非有所特指，也非泛泛而论。它体现的是一些特性，属于我，也属于全体人类。当我饥肠辘辘，或无法得到梦寐以求的东西时，我也可以变得"狡猾"，我也可以溜须拍马，将奉承作为我生存的武器。所以这些虚构的动物实际上是饥饿、骄傲、狡黠、奉承和求生欲的象征，根本不是生物。或者更确切地说，它可以同时是我们讨论的这些可能——动物、人类，或者某些特质。

其实，我们可以用大半个上午的时间一直讨论这个问题，不是吗？比如我们还可以讨论：为什么我们会对两个虚构角色的命运如此感兴趣？为什么我们同情狐狸，却又为公鸡逃脱"狐"口而庆幸不已？为什么我们一边听故事一边笑？为什么这个不起眼的虚构的故事会如此令人念念不忘？在我的记忆里，它至少已经存在了 40 多年，并且至今仍会在不经意间、在某个显然与此毫无关联的时刻，影响我的生活？等等，等等。

我只是将我们已知的内容再次梳理了一遍。接下来，我想为这个多层次的架构再添一层含义。无论我说得多么天花乱坠，《伊索寓言》也不过是用油墨印在纸上的一些记号而已。当然，那时的我并不知道该如何解码这些记号，但当有别人掌握这种技能，并第一次说给我听的时候，就像给了我一个口传的礼物。在传达的过程中增加了一些东西，也失去了一些东西，但精华还在，被我接收到了，并留在了我的记忆中。

事实上，这就是我想说的第三个方面，关于"时间机器"的问题。纸质文学作品，超越了时间、空间和人本身的局限。书籍是一种时空机：一个具有形状、重量、质地、气味，甚至味道的三维空间物体，通过某种我们至今仍不甚了解的神秘力量，将那些抽象符号浓缩于书页之上，作为一个人最深刻知识的载体，直抵另一个人最为隐秘的生活角落。后者可能远在几百英里之外，远在多年以后。伊索是古希腊时期的奴隶，他写的故事此前已经以各种各样的版本在古印度、古希腊流传甚久。而这些故事仍然可以在他去世 2500 年之后，影响着生活在距离伊索家乡 2000 英里之遥的另一个截然不同的人。这种古老的讲述故事的方式仍然享有旺盛的生命力，以至于一本风格类似、由全新故事组成的书，直到今天还可以拿下重量级奖项——阿诺德·洛贝尔（Arnold Lobel）凭借他的《然后，然后呢？——儿童哲思寓言》（Fables）荣获了 1981 年的美国凯迪克大奖（U. S. Caldecott Medal）；直到今天，还可以跨越时空强烈吸引着漫画怪才詹姆斯·瑟伯（James Thurber）——瑟伯在《当代寓言集》（Fables for Our Time）中沿用伊索讲述故事的方式，描绘了 20 世纪的生活，熟悉《伊索寓言》的读者最能体悟其中的幽默。

我希望自己已经表达得足够准确了。我们能做多大的事，取决于能在多大程度上掌控语言。一个社会能在多大程度上掌控文学语言，取决于这个社会能在多大程度上服务于全体人民。

语言，是生而为人的必要条件；文学，是人与生俱来的权利。为了每个孩子都能享用这一与生俱来的权利，我们有理由要求每个孩子所处的环境，都能保障这一权利、提供这一权利，使这一权利成为一份孩子可以期待的礼物。

好了，关于青豆的问题就说到这里。现在，我们来说说要如何把手伸进罐子里去。再次重申，我今天的任务就是复述一遍我们已有的知识，以便各位能够就探讨的背景达成共识。

就我个人而言，我认为一定要牢记"阅读循环圈"（Reading Circle），它非常有用。在儿童的生活里要保持这个圈子不断循环、螺旋上升，如下图所示。

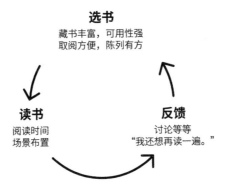

只有先选出可以读什么，我们才能开始阅读。至少在西方国家，到处可见报价单、标识标志、广告、报纸、杂志、说明标签、政府表格、商业文件……诸如此类的阅读材料。英国每年出版的新书约为 35000 本，其中写给儿童看的大约有 3000 本。

因此对于负责将儿童和书籍联系起来的人，首要的任务就是要选出最值得儿童花时间、花精力阅读的文学作品，然后把这些作品摆在儿童面前。肩负这样的责任，显然要在书籍的收集、展示和适用性等方面下功夫，并且要让儿童每天都有机会浏览书籍，这样才能让孩子逐渐学会自己选书。

但是，如果我们根本不读书，那么耗费时间、金钱和精力提供书籍并从中挑选书籍就变得毫无意义。阅读需要时间。人越有成就、年龄越大，文学阅读所需要的时间也就越多、越需要集中精力。因此，毋庸置疑，**阅读时间**以及能够鼓励和维持阅读活动的环境，应当成为每名儿童日常生活中必不可少的元素。然而，事实却给我们当头泼了一盆冷水：大多数孩子的阅读时间和阅读环境只有在学校的时候才能得到保障。

从心理学角度来说，阅读却没有反馈，根本就不能算读过。我们可能会因为读得太无聊而睡着——这也是一种反馈。但最理想的情况是以下两种。

第一种反馈：大多数人如果对一部文学作品赞不绝口，就会忍不住与朋友讨论一番。我们都喜欢通过讨论深入了解自己的内心世界。儿童往往会将自己的感受画出来或者表演出来。有些孩子则想坐下来，仿照自己喜欢的作品写点什么。我忘了是谁最早这样说过：大多数作家原本是读者，动笔只不过是想模仿自己最喜欢的作家而已。

第二种反馈则是我们尤其希望从儿童那里得到的："这本书可真不错，我很想再读一遍。"因为这种反馈能够让阅读循环圈以一种自发维持的方式不停运转。读者会返回书架，搜寻下一个目标，继续阅读。于是我们又回到了"选书"这个起点。

现在，我们有了一个阅读计划。理想情况下，每个孩子每天都应尽量参与。这个计划的要点如下：

· 在门类广泛的文学书籍中自由浏览，并选出自己喜欢的书。

· 由一位成年人将文学作品大声地念给儿童听，目的是让他们享受文学的乐趣。这些书包括：熟悉的老内容；适合儿童当前水平的新内容；对儿童来说具有一定的挑战性、略微超出孩子作为读者认知水平的新内容。

· 不受打扰的独立阅读时间。

· 有机会与同伴一起讨论读过的书。讨论的方式可以是多种多样的，但尤其要重视与成年人的交流。

· 有机会与自己信赖的成年人交流，向对方咨询可以读些什么书。

· 有机会亲自买书。

现在我们谈到了问题的核心。不读书的孩子，是由不读书的成年人一手造就的。我们可能资源匮乏，可能存书量不值一提，也许还会遇到各种各样其他的困难，但有一个事实始终凌驾于其他所有事实之上：对于文学教育，一个相信阅读、爱读书的成年人，一个了解儿童应该读什么书的成年人，从来不可或缺。

这样一个人存在的意义是如此重大，以至于他／她的积极参与可以让儿童阅读在面对诸多棘手问题的时候取得成功，他／她能给予孩子的帮助，甚至远胜于一所设施优越却没有能为孩子读书的成人的学校。有很多证据都可以证明上述结论，为此我愿意向各位推荐《布洛克报告：生命的语言》〔*A Language for Life*（The Bullock Report）〕、怀特黑德（Whitehead）的报告《儿童阅读兴趣》（*Children's Reading Interests*），以及玛格丽特·M.克拉克（Margaret M. Clark）在《阅读流畅的小读者》（*Young Fluent Readers*）中所做的相关论述。

在众多作品之中，我想推荐大家优先阅读多萝西·巴特勒（Dorothy Butler）的《卡索拉和她的书》（*Cushla and Her Books*）。也许我应该说，我想推荐大家重读一下这本书——因为在座的各位，恐怕都曾被卡索拉·约曼（Cushla Yeoman）的故事打动过。卡索拉的生活证明了我在这里想说的一切。语言塑造了她，事实上，正是语言第一次让天生残障的她惊觉这个世界的存在，推翻了医学专家所说的可能发生在她身上的一切。正是书上的语言，让她逐渐了解了这个凭她自己几乎既无法看到又无法听到的世界。正是听到有人大声地将语言朗读出来，甚至唱出来，把书几乎贴在了自己的鼻尖上，她才学会了如何自己阅读。毫无疑问，文学为卡索拉·约曼的想象提供了画面。她开朗活泼，以强大的精神与愉悦的心情活着，对抗着可能因受损的染色体和痛苦的身体缺陷而阻碍她前行的每一个逆境。

她做到了，文学帮了她一把。这都是因为她身边的成年人清楚有些事情必须要做，而且经常不顾专家的意见和悲观的预测，敢于放手一搏。

卡索拉的故事让我们不会再质疑演讲题目里的那个问题："全民学校图书馆？"她向我们证明，读书确是一种普遍的需求和意愿。最后，我想用卡索拉的祖母多萝西·巴特勒在那本书后记中的话作为结束。

7年前，卡索拉还没出生。我原本该说，早在当时我就坚信书籍能够丰富孩子们的人生。然而与我现在的信念相比，曾经的笃信是微不足道的。我现在才深刻地体会到，对于一个因故不得不与世界隔绝的孩子来说，书和图片究竟能起到什么作用。当然我也清楚，想要创造奇迹，必定需要另一个人出手干预。假使卡索拉这个孩子生在别人家——无论那户人家多么聪明、多么善良——她或许永远不可能在还是婴儿的时候就与书本上的文字、图片结缘。这是可以肯定的。因为没有任何医学权威会将大声朗读作为一剂良药，治疗那些因为罹患慢性病而导致身心有缺陷的孩子。

卡索拉的父母之所以愿意将孩子的故事发表出来，是希望有更多人关注书籍和身体有缺陷的儿童之间的关联。我们相信，等到卡索拉再大一些，她一定也愿意加入其中。在我们看来，卡索拉相信书籍就是桥梁。这种信念甚至比我们更为坚定。

第二章

劈开内心冰封大海的斧头

Axes for Frozen Seas

每年，英国拉夫堡大学图书馆与信息研究专业都会举办"伍德菲尔德讲座"（Woodfield Lecture）。讲座由图书馆供应商、《少儿书架》（*Junior Bookshelf*）杂志出版方——伍德菲尔德与斯坦利有限公司（Woodfield and Stanley Ltd.）主办，以此纪念公司和杂志的创办者 H. J. B. 伍德菲尔德（H. J. B. Woodfield）。"劈开内心冰封大海的斧头"是其中第四场讲座的主题，发表于 1981 年。有幸受邀做这样一场正式演讲，并且还能自选主题，于我而言更有意义之处在于，可以借此机会专注探讨一下我个人特别关心的话题。

20 世纪 60 年代，人们主张更多地关注儿童自发的阅读兴趣，即我们应该尊重儿童的意见与喜好，出版更多直接与儿童对话的书籍。我很认可这种思路，并结合青少年小说撰写了《勉为其难的读者》（*The Reluctant Reader*）以示支持。当时，我还作为"优选系列"（Topliners）丛书的总编辑，努力推动相关图书的出版。

然而时间来到 20 世纪 70 年代中期，风向的突变令我很惊愕。我一直主张，我们需要接触各种文学作品类型中的佼佼者，遗憾的是，彼时部分类型的作品长期缺失，或者普及程度极低。换句话说，我主张的是一种健康的、平等的多元主义。但是在 20 世纪 70 年代中期，却有人声称年轻人自己喜欢的文学类型，才是唯一有价值的文学。一本书是好是坏、适合与否，不再是由一群具有文学背景的特定成年人来判断——这群人的工作可能与儿童有关，也可能无关（尽管我一度强烈批评这群人对儿童图书出版事业的独断专权）。风向迅速转变，生杀大权转移到了另外一群怀着其他特殊目的的成年人手中（他们可能出于种族、政治、性别、推销图书等目的，或者仅仅因为对之前的做法抱有成见）。这些人往往声称自己的做法代表了儿童的"想法"，维护了儿童的"权利"。这些"看护人"在选书时经常近乎痴迷地遵循两条标准：第一，这本书是否符合某种具体需求（例如性别角色是否"积极正向"，或者出于书商的利益考虑这本书是否能大卖）；第二，儿童是否能够在无人教导阅读的情况下立刻喜欢上这本书。

钟摆一下子从精英主义摆荡到了同样狭隘的民粹主义一端。这种转变的根本原因是老师的角色设定发生了变化。有些人喊出了这样的口号："老师不应该把自己的品味强加给学生。"借用当时流行的词就是"干涉"。老师是否应当干涉学生的阅读，这是一个严肃的问题。传统观点认为，要想让儿童成为富有鉴赏力的读者，就必须向他们提供最好的文学作品，并让有鉴赏能力的老师教他们如何阅读。然而新观点却认为，儿童只有阅读自己想读的作品，才能成为富有鉴赏力的读者，由此懂得自己的喜好要自己掌握，而所谓"优秀"文学和"糟粕"文学的说法统统值得商榷。

我发现自己对这两种极端的表态都难以认同。我曾见过某些具有一定影响力的成年人，他们对无与伦比的佳作视而不见，仅仅是因为这些书看起来与一些普遍的标准不太一样，便永远不可能进入儿童的视野，其结果就是儿童根本没有机会判断自己是否喜欢这些书。而老师究竟应当如何帮助儿童爱上这类乍看"艰深"的作品，虽是一个重大议题，却鲜有提及，或被视为无关紧要。

等到艾伦·加纳（Alan Garner）的《石书传奇》（*The Stone Book*）在 1976 年出版时，我对这种现象的厌恶达到了顶点。接下来连续好几年，我不断听到一些老师说，孩子们不喜欢这本书，根本不觉得这本书是儿童读物。老实说，我都听烦了。然而我自己的体会却是：只需稍微借助旁人的指点，孩子们就会发现这是一本多么引人入胜的书啊！另外一些老师则和我一起在小读者中间努力推荐这本书。他们可以证明我的感觉是对的，而且我们找到了如何阅读这本杰作、如何把它介绍给学生的好方法。

因此，当我接到伍德菲尔德讲座的邀约时，我立刻就知道自己想说什么。我想谈一谈脑海中闪现的那些"具有令人蜕变力量的"（transformational）作品。我指的其实就是需要创造性阅读的作品，由读者和作者共同创作故事，并因此让身为读者、身为人的我们有所改变。在接下来的一章《书中的读者》中，我还会从文学批评的角度继续探讨这个问题。现在，我只想通过其他老师和学生反馈给我的阅读此类作品的感受，证明上述观点。

接下来引用的内容已稍作调整，跳过演讲时通常的寒暄部分，直接进入主题。

*

在围绕本次主题开始我的演讲之前，我想考验一下各位的耐心，给大家讲一个我自己的小趣闻。从我开始从事与文学和儿童有关的工作到现在，已经过去 25 年了。在此期间，我的一些想法、一些目标始终未曾改变。请原谅我在这里再次赘述。我会尽量简短。

第一，就是我长期以来秉持的信念，并且这一信念随着岁月的流逝愈发坚定：文学阅读是我们所有人——包括大人和儿童——都必须参与的最为重要的文化和教育活动。第二，文学阅读以读者所在的位置作为起始点，然后才能奔向更加广阔的天地。只有先在书中找到自己的定位，才有可能与其他人相遇。第三，大量的藏书，丰富的故事类型与写作手法，经常性地翻阅，听别人大声朗读以及花时间自行阅读，这些都是培养儿童文学能力过程中必不可少的核心内容。第四，年复一年，越来越多的事实证明，一位具备文学修养、富有同理心的成年人作为儿童和文学之间的桥梁，是激发儿童阅读欲望、激励儿童勇于挑战阅读的唯一且最重要的因素——这一点我还会在下文继续阐述。

我之所以一再重申上述内容，是因为我意识到接下来要说的话很容易引起误解。因此请允许我声明几点：首先，我属于平民派；我相信文学自始至终属于所有人，应该是价格低廉、平易近人的。其次，文学应该是欢乐的，同时又应是富于挑战的、颠覆性的、令人耳目一新的、抚慰人心的，以及其他所有我们所赞颂的那些品质。最后，我认为文学让我们找到了表达人类想象力的最佳途径，文学是人类自我认知最有效的手段，它让我们了解自己、认识自己。

我不禁想起了"冰封内心"的说法。它出自弗朗茨·卡夫卡（Franz Kafka）20岁时写给友人奥斯卡·波拉克（Oskar Pollack）的一封信。当时他们就一个老生常谈的论题展开了辩论——文学是否只是一种消遣、一种愉快的消磨时间的方式；还是说文学具有更为崇高的价值。卡夫卡这样写道：

在我看来，只有那些读起来如鲠在喉、如芒在背的书才值得一读。如果读书无法带给我们当头棒喝的震撼感，那读书还有什么意义呢？难道像你在信里写的那样，是为了寻开心？天哪，没有书我们不也一样很开心吗？真有必要的话，我随时都能写一本让自己开心的书。另一方面，我们需要的书要如同灾难降临一般，令我们痛苦不堪，仿佛永失我爱……好的书，必须像一把利斧，一击敲碎我们冰封的内心。这就是我的想法。

卡夫卡描绘的景象是如此凛然。就我个人而言，我必须立即澄清：我穷尽一生也不明白这两个人的追求为什么就不能兼而有之。我并非只喜欢读某几类文学作品；我都想读。但另一方面，我不得不承认卡夫卡最后的话是对的。如果文学不能像他渴望的那样对我们产生如此效果，那确实不值得费力一读。的确，如果我只是在寻找消遣，看电视、看电影花费的精力远比看书要少，什么都不做岂不是更舒坦？我不希望也从不屑于主张让儿童成为那种为了消遣而看书的读者。我始终认为，我们的目的应该是为了让儿童认识人类的文学遗产，从而能够展开尽可能深入的、尽可能随心所欲的文学阅读。

我必须承认，最近我逐渐发觉，就算大多数儿童阅读推广人曾经一度认同这是我们的核心目标，但其中很多人现在的想法却已经改变。有一次，一位在孩子中间颇受推崇的诗人对我说，他觉得自己不再是一个诗人了（当然，这完全是他自己的事），而且他还认为，儿童是否读过以往的那些诗并不重要。这是一个真实而无法回避的实例。我还知道一个令人更加沮丧的例子，一些出版商几乎完全放弃继续出版儿童小说了，除非是可以预见到会畅销的作品。与此同时，非文学类书籍的出版量却有增无减。比如：弹跳玩具书，只是因为两边有封面就被称为"书"；卖噱头的书，《假面舞会》（*Masquerade*）就是一个比较有代表性的例子（放在这里真是一个极为恰当的书名）；出版社大力推销老套的冒险故事，内容的方方面面都经不起推敲，却被认为是最适合儿童的，因为用他们的话来说，那才是孩子们想看的。

事实上，现在最让我担心的是，需要读者耗费心神才能读懂作者创作意图的书，已经过时了。

在我继续往下讲之前——我想最后一次尝试"一碗水端平"——我想说其实我自己也会找一些能立刻吸引我、逗我开心，或是很能击中我兴趣点的书。我并非像有些人那样，认为**儿童**对于儿童文学来说无关紧要。恰恰相反，正是因为儿童很重要，所以卡夫卡所渴望的那种具有蜕变力的文学作品——如果我可以用这个词来概括他所说的和我想说的话背后的思想——此时此刻才需要我们重新评估，并以此为契机对文学与儿童的关系进行再度审视。

当我提到"具有令人蜕变力量的书"，或许我该将脑海中想到的那一类书更确切地描述出来。我在阅读那些书的过程中逐渐转变，直至将书内化为我的一部分，时至今日它们依然对我有所影响，让我的语言时常保持鲜活。至少可以说，我受到了书籍的照拂。文字是作家的工具，从某种意义上说，文字是作家唯一的工具。因此，文学关乎文字、关乎语言，当然还关乎其他很多东西。无论是像菲莉帕·皮尔斯（Philippa Pearce）那样，想要通过写作将书变成一扇窗，读者看书就仿佛是在从窗户向外张望——这也是乔治·奥威尔（George Orwell）想要达到的目的——还是像詹姆斯·乔伊斯（James Joyce）那样，毫不遮掩地想让他的读者对那些力透纸背的语言感同身受，你都无法回避语言，无论是作为作者，还是作为读者。

W. H. 奥登在《阅读》（Reading）一文中明白无误地告诉我们，所谓能让人产生蜕变的书，"一定是可以用多种方式去品读的作品，反之亦然。色情作品之所以毫无文学价值可言，证据就是如果不把它当作一种性的刺激，而是抱着其他任何目的去读，比如，把它当成作者性幻想的心理学案例来读，那简直会让人无聊到想哭"。

具有蜕变力的书籍，在一定程度上让这个世界的形象更加丰富与充盈；书籍点亮我的人生，也能点亮其他人的人生；书籍能让我所身处的社会充满光明，也能让其他人所身处的社会同样充满光明。

以上所述其实都可以总结为：能让人产生蜕变的书是富有层次的、多重主题的，语言意识强烈、充满厚重感的。与之相对应的作品则属于——为方便起见我们在此使用另一个笼统的词——"唯简化论"。我想说的是，后者将我们的阅读内容局限于狭窄的范围之内，即熟悉的、浅显的、乍看上去能立即吸引眼球的内容；在主题和处理手法上统统乏善可陈，一味求稳。

刚刚这些听起来过于沉闷和肃穆，就好像在我看来具有蜕变力的书就该是晦涩难懂的才对。其实不然，我马上就能证明。

不过在证明之前我还要再多说两点。首先，令人欣慰的是，有迹象表明越来越多的学校开始认真对待这样一种观点：从文学角度来说，儿童和成年人一样具备批判阅读的能力，而且，我们还需要进一步了解应如何鼓励他们做出这种具有审辨思维的阅读回应；其次，我们或许逐渐意识到，想要培养爱好文学的读者，就要把读者的阅读期望与书进行相应的匹配。比如，我曾听到有的大人对孩子这样说，露西·波士顿（Lucy Boston）的《格林挪威的小孩》（*The Children of Green Knowe*）是一本讲鬼故事的书。这是一种极其错误的设定期望值的做法。抱着这样错误的期望开始阅读，难怪孩子们会觉得这本书"很无聊"或者"看不懂"，以至于会半途而废了。

有以上几点作为铺垫，接下来我再给大家介绍几本书。首先，是莱纳·琴姆尼克（Reiner Zimnik）的《蓝帽子的起重机》（*The Crane*）。它的发行过程颇为曲折。1969 年，德语版原作由英国布罗克汉普顿出版社（Brockhampton Press），即现在的霍德出版社（Hodder）出版。按照一般的看法，这本书没什么"卖相"，换句话说就是"反响平平"。后来，海雀图书（Puffin）再次收录本书，采用了美国哈珀与罗出版公司（Harper and Row）的翻译版，并且删去了一些重要内容。我对这个版本是否"更好"深表怀疑，但让我最终关注这本书的契机，是南希在 1971 年 9 月的《信号》（*Signal*）[1] 杂志上发表了一篇由尼娜·丹尼舍夫斯基（Nina Danischewsky）撰写的文章。这篇文章提供了我一直以来在文学批评中不断找寻的东西。请允许我将这些要点罗列出来。我希望文学批评家能够做以下几件事：

---

[1] 编者注：1970 年 1 月，专注于儿童文学领域、由南希·钱伯斯和艾登·钱伯斯共同创办的《信号》杂志问世，很快便成为蜚声国际、在业内评价颇高的杂志。

1. 为我推荐迄今为止我尚未关注过的作家作品。

2. 让我相信，由于自己阅读时不够仔细，以至于低估了某位作家或某部作品。

3. 为我展现我所不知道的不同时代、不同文化的作品之间的关系。因为我所知有限，也永远不可能无所不知。

4. "品读"一部作品，帮我进一步理解这部作品。

5. 阐明艺术"创作"的过程。

6. 阐明艺术与生活、科学、经济、伦理、宗教等的关系。

当然，这些并非由我所罗列，各位可以在前文提到的 W. H. 奥登的随笔中找到相关内容，参见《染匠之手》（*The Dyer's Hand*）。丹尼舍夫斯基的批评文章印证了前 4 条全部内容。一篇文章能做到这些已经相当不错了，我非常感激她所做的一切，并希望她能继续撰写同类型的文章。在我看来，琴姆尼克的这部作品小有所成，堪称儿童文学中的杰作。

《蓝帽子的起重机》的行文平铺直叙，带有民间传说的简朴风格，但这其实是具有欺骗性的。在读了丹尼舍夫斯基的批评文章之后，我开始意识到这个故事处处充满挑战，并带有我早先介绍过的那些具有蜕变力的作品的基本特征。儿童角色只是偶然出现在故事当中。故事的开头，主人公是一个戴着蓝帽子、上面还插着一根羽毛的年轻工人。他的工作是驾驶小镇上新买的起重机，也是全国最高的一辆起重机。他会爬进高高的驾驶室并一直待在里面，他的朋友——梦想家莱克托则会开着一辆电动送货卡车为他提供补给。

随着故事的展开，各种情节接踵而至，月复一月，年复一年，有时甚至感觉过了好几个时代。在这期间，人们见证了一场残酷的战争、一场肆虐的洪水以及地球的重新繁衍。然而在这整个过程中，起重机驾驶员始终坚守岗位。他是一个幸存者、一个见证者、一个先知式的人物，也是典型的傻瓜。对于这个故事可以有各种各样的解读。琴姆尼克的文本处理方式，儿童角色的缺失，以及文本理直气壮地拒绝运用具有说服力的细节来隐藏其原本想要表达的不确定性，都令众多成年读者困惑不已，甚至心烦意乱，以至于这本书经常被判定为"不适合"儿童阅读，认为它太艰深，太古怪。

这个故事还因为运用了其他一些手法，令读者更觉晦涩难懂。例如，琴姆尼克安排了一个无所不知的旁白，时不时地插上一脚，从第三人称突然切换到第一人称。"我故意把镇议员们画成平面的。"书的第 4 页突兀地写道。而当你看插图时就会发现果真如此。此处文本的细节恰恰是美国版删去的内容之一，其实它是叙事成功的关键。书上的白描图案和文字内容各占一半，同样也在叙事视角上大做文章。明明是虚构的背景，其下却是现实的伪装。例如，其中有些地方画着文献实物，比如起重机驾驶员收到的电报传真就是真实的，但同时又画着身上有洞的鱼在快乐地游来游去。

在这些文字和图画之间，存在着一种微妙的生成关系。因为文字和图画都是构成**文本**的元素。图像一个接一个，彼此之间没有关联性，而是通过旁白的提示串联到一起，或者是故事逻辑的惯例使然。因此，那种对叙事的处理方式抱有封闭观念的读者，就难免会将这本书打入冷宫。

然而，琴姆尼克本就不打算采用绝大多数儿童故事所惯用的那一套"一致性叙事"手法。他的手法更接近于"梦境叙事"，就像在梦里，各种画面的出现完全是不可避免的。我们首先必须接受它们以这种方式出现，把它们当作独立的图像，每一幅图像都有自己的含义，而不必费心寻找某种将两个画面联系起来的逻辑。琴姆尼克则运用故事讲述人的方式来帮助读者理解，语言具体、行文利落、词句简单（至少英文翻译的版本是这样的，我们必须假设德语原文也是如此）。这种风格不仅营造出琴姆尼克想要呈现的自然主义表象，也更便于儿童理解。他一定会相当肯定地说，如果儿童对叙事模式有所了解，那么他们最有可能知道的就是民间传说的叙事模式。因此，通过这种令儿童熟悉而感觉亲切的叙事编码和语言，琴姆尼克完全有希望吸引儿童读者，把他们拉到自己这边。接下来我举个例子：

起重机一天天不断上升。在顶上工作的人们用安全带把自己牢牢绑好。每天下午5点以后，人群涌出小镇，在起重机前散步。他们都说：

"它一定会成为一架了不起的起重机。"孩子们——和大多数成年人——都为起重机感到骄傲。

其中有一个工人，他比任何人都更喜欢这架起重机。他很年轻，戴着一顶蓝色的帽子，上面还插着一根羽毛。他太喜欢这架起重机了，人们都说："他为它疯狂。"他敲钉子的速度比其他人快三倍。一天的工作结束后，其他人都回家去了，只有他爬到起重机顶上，用手绢把所有的螺丝都擦得锃亮。每天晚上，他就睡在起重机底下。早上，他在起重机的阴影里进进出出。人们都说："那个头戴蓝帽子，上面还插着一根羽毛的人真是疯了。"

作者以引人入胜的方式，将一幅幅场景、一个个情节在我们眼前铺开。其结构点并非按照自然主义的惯例按部就班地推进，而是每个场景各自具有一定的意义。只有与书中其他场景可能具有的意义结合起来看，才能构建出一系列相关的意义——而非一系列相关的事件——最终得出一个结论性的意义。除此之外，或者说，在这个过程中，我们还目睹了喜剧性的铺张场景、尖锐的冲突场景，以及几乎可以称之为"卡夫卡式"的凄凉与落寞场景。这种影响作用于情感，而非智力。如果你边读边琢磨这个故事，一切就会变得异常混乱。最好是读完之后再整理思路。还有一个问题，许多英语文学的读者以往学到的阅读经验都是边读边思考，习惯在阅读时把自己融入到每一页的内容中去。但我的建议是，读《蓝帽子的起重机》这一类的书，最好是像天真的儿童那样去读，而不是作为受过训练的成年人那样去读。后者拒绝读《蓝帽子的起重机》，认为它过于费解、过于难读。

我可以提出一些有趣的证据来支持上述观点。罗伯特·温特尔（Robert Wintle）是布里斯托尔一所综合学校的老师，平时他会为十二三岁的孩子补习功课。关于学生对《蓝帽子的起重机》一文的感想，他在给我的信中这样写道：

当我开始大声读给他们听——之前未作任何铺垫或解释——他们一下子就变得非常专注。第二天，他们迫不及待地想继续听，还要求我"只管读故事就行，不用停下来多做解释"——就算碰到比较难的词也不用解释。我很幸运，大部分时间，下午最后一堂课都可以用来给全班读书。更幸运的是，那个教室是由一个衣帽间改造的新房，地板是水泥的，全都铺着地毯，尽管这是最便宜的地板装饰。这个班上的16个孩子很快就找到了自己喜欢的角落。他们围坐在我的周围，每个人都能舒服地坐着。有人坐在地板上，还有人为了看到插图就坐在我旁边。虽然这种形式在如今的小学很常见，但在那时我所工作的学校，这个年龄段的全班孩子都能做到这种程度实属少见。

我会适时地停下来，把书的内容展示给大家——快速绕一圈，以便他们对比相关的图片和段落。大家听得都很入迷，显然正在享受这种安静聆听的乐趣。在我高声朗读的时候，屋子里其乐融融，所有人都乐在其中。

故事讲完后，孩子们要求我再读一遍。这令我惊讶不已。于是，我再次郑重其事地读了起来。不过这一次他们盯着插图认真看，显然是觉得这些图片对于理解或解释故事的内容十分重要。我们还讨论了那些镇议员的性格，以及他们觉得在故事里真正发生了什么事情。一切水到渠成，孩子们迅速抓住重点，探讨起人性和人类行为的问题，尽管这个故事中更深层的寓意对他们来说并不太容易发现。然而，其中带有的神秘色彩和超现实主义元素，比如关于银狮和鹰的片段，最大限度地愉悦了孩子们的心灵。这些片段他们不仅爱听，而且似乎触动了他们内心深处的那根弦——引起了非常强烈的反响——尽管他们无法用语言充分表达自己的感受。这也是很正常的。

孩子们一连几周都对这本书保持极高的兴致，并从中获得了极大的满足。

罗伯特的记叙令我感动不已，给我留下了很深的印象。任何一个为青春期学生补过课的人都知道，青春期学生总是对文学敬而远之，除了那些能让他们立刻喜欢上的轻松读物。青春期孩子保持专注的时间通常都非常短暂。但恰恰有这样一班孩子，他们对《蓝帽子的起重机》的兴趣保持了"数周之久"。这个案例中有些地方特别值得我们关注。比如，环境的辅助作用——地毯，老师允许大家与他、与书，彼此之间建立一种自然而舒适的关系。（我们要多久才能明白，儿童早期阅读和中学阶段阅读的本质其实并无二致？）再比如，这位老师最初并没有设置任何目标。这一点也很有意思：成年人这回并**没有横**加干涉。或许我们总是太过紧张、太过频繁地干涉孩子，不相信书籍本身就具有强大的影响力。

鲍勃·温特尔[1]的经历也并非个例。比如我还听一位老师说，他教的一个高年级班，虽然班里学生的能力有高有低，但却和鲍勃班上那群 13 岁的孩子们一样，在听连载故事时表现出了极高的专注度。故事讲完后，这些学生甚至会站起来，情不自禁地热烈鼓掌。那位老师告诉我，这种场面真是见所未见。不过另一位老师的经历却截然相反：故事讲完后班里鸦雀无声，她都不敢轻易打破这种沉默。那是一种情绪低落到说不出话的默然景象。

然而，《蓝帽子的起重机》这本书接下来的命运却出乎所有人的预料。我眼睁睁看着它被打入冷宫，鲜有再版。后来，我说服麦克米伦出版公司在"M 系列"（M Books）中出版了霍德版的译本，我当时负责编辑这个系列的教育书籍。自始至终，

---

[1] 译者注：即罗伯特·温特尔，鲍勃是罗伯特的简称。

《蓝帽子的起重机》都是滞销书。如果联系鲍勃·温特尔等老师的亲身经历，我们或许会感到沮丧而困惑。**为什么会这样？**

我认为，部分原因在于作为书籍与儿童之间桥梁的成年人，实在是抱有错误的期望。或者更有可能的是，大人自己都不能真正说清楚一本书究竟在讲什么。查尔斯·基平（Charles Keeping）的作品就特别能说明问题。不久前的一天，我匆匆忙忙地冲进一家本地儿童图书馆，想要找一本基平的绘本。图书管理员说："哦，当然，我们有，应该就在书架上。基平的书好像没什么人看。"她说话时自信满满，并亲自把我领到书架前。然而那里一本基平的书都没有。"也不奇怪！"她说。的确，这种事情偏偏就会在你最意想不到的时候发生。但我猜想她其实是下意识地想向我展示人们对基平作品的看法：它们不属于儿童读物，因为画面过于复杂。但是，吉尔·霍普斯（Jill Hopes）却不这么认为。她是斯文顿一所学校的幼儿教师。她写信告诉我：

> 当我审视房间里的一百多本绘本时……我认为其中绝大多数作品的作者（或者插画作者）都有着极为明显的意图。但是，基平的作品却刻意留白，给读者留出了想象的空间。而这种方式对婴幼儿来说是不常见的……基平运用色彩营造出强烈的情绪……他的很多书含义模棱两可，必须鼓励孩子用心领会。他不会因为儿童年龄小就迁就他们。他的作品最突出的特点之一（我相信也是最难能可贵的一点），就是文本的深度。即便只有寥寥数语，却凭借语言的延伸感在一堆绘本中显得那么与众不同。外界对基平普遍的批评是，孩子看不懂他的书。其实小孩子懂的比我们想象的要多得多。

我让吉尔跟我具体讲讲她的发现，但我并没有收到她的回信，而是收到了一本书，书名是《读后感大全》（*A Book All About Books*）。这是吉尔家的两个 6 岁的孩子专门为我制作的一本书，里面全是关于基平作品的内容，还附带了一盒磁带，内容是孩子们关于《查理、夏洛特和金丝雀》（*Charley, Charlotte and the Golden Canary*）、《约瑟夫的院子》（*Joseph's Yard*）等书的读后感。吉尔在书的封面上写着："整整两周的时间几乎全在读查尔斯 · 基平。我昨天确实有点儿担心，这样是否有点儿过分。因为当我们谈到最近在美国发生的刺杀（里根总统）事件时，我原本想问他们那个总统的名字。大家一时没说出来。于是我说：'试试看，他是世界上最有权势、最举足轻重的人之一。'李立刻自信地回答道：'查尔斯 · 基平。'"

以下是我从孩子们的读后感中摘录的两段话。这些内容都出自他们的点评。他们说了很多。考虑到这些孩子的年龄，可真是令人惊叹。

克里斯托弗：这些画儿看起来特别像我梦中的场景，它们很潦草，可以看出大概的形状，但看起来绝对不是真的。

李：当查理发现带着金丝雀的夏洛特时，我感到很高兴，我不喜欢失去朋友，因为克雷格曾是我的朋友，但他去了怀特岛，我很想他，很难过。

类似的内容在这本可爱的书里还有很多，6 岁的批评家简直乐在其中。思维发散，充满智慧，用自己的文字和绘画表达阅读的感受，偏偏有人说这些书对他们来说太难了。若是成人批评家和评论家，是否也能如此坦率、如此诚实、如此欣然地允许一本书塑造他们的生活？吉尔给我的录音中有一句话，我觉得尤其可贵。其中一个女孩说她失去了好朋友凯文，可最后她突然以非常开朗的语气说："但是凯文一直都留在我的记忆里呢！"毋庸置疑，这就是书的影响，女孩开始有意识地理解自己的经历。而这些都源于她读到了基平的故事《查理、夏洛特和金丝雀》。这就是劈开她内心冰封大海的利斧啊！

若想打破内心这层坚冰，那么在我们自己阅读，以及教孩子阅读的过程中，就必须有章可循、有法可依。读书的过程就好比是在穿越一连串的"时空扭曲"，如果不能对书敞开心扉，阅读只不过是蜻蜓点水、浅尝辄止，就无法发现其中蕴含的多重叙事，更无法在探寻的过程中收获乐趣。想要破冰，就必须在时空胶囊里停留足够长的时间。

接下来介绍的这位老师名叫艾琳·苏特（Irene Suter），她是威尔特郡一所小学的校长。她便是这样做的——给孩子们充足的时间，让他们徜徉书海。莲恩[1] 把自己的办公室改造成了一个迷你图书馆。每天下午，她都会约上几组学生，每组最多 8 人，在她的办公室逗留 20 分钟到半小时。这样一来，大概每三周她就能把学校里的每个孩子都见一遍。在那里，她和孩子们一起阅读，一起闲聊。她特别关注孩子们阅读安东尼·布朗（Anthony Browne）的书的反应。孩子们第一次

---

[1] 译者注：即艾琳，莲恩是艾琳的简称。

读完《公园漫步》（*A Walk in the Park*）之后，她把这些 5 到 11 岁孩子之间自发的谈话内容记录了下来。之后，又让他们读了一遍。莲恩写道：

第一遍通常像是在玩侦探游戏——解谜：你能发现多少处不合常理的地方？不过，更加深刻的问题逐渐显现，比如关于意义的不同层次、内在意义、画面里的恶作剧、画面所体现的思想、社会含义、情绪上的分歧、生活方式、分割现实和虚幻的细线，以及惊讶地发现并非所有经历都可以用逻辑来解释。等到第二遍阅读时，更深层次的问题似乎有增无减。

我认为像安东尼·布朗的书，能够鼓励儿童从很小的时候就开始探索以下这些问题：

a. 一个文本除了表层的明显含义，还可能蕴含其他意义；

b. 一个故事可能包含其他内容，只是并没有出现在文本里，而是出现在插图里；

c. 插图本身也可能蕴含多重含义；

d.（在书里）可以有恶作剧；

e. 恶作剧可以同时运用文字和图片来体现幽默，而后者的作用是很重要的，不仅仅是为了说明文本；

f. 从文本或插图中发现问题，有助于领会言外之意；

g. 通过发现明显的不协调之处而展开推测，能够引导读者深入挖掘逸闻趣事之下的含义，或者对角色展开探索；

h. 书也需要读者有所贡献；

ⅰ.文本或图片的含义并不总是不言自明的，也并非完全没有争议。每个含义都来自个人的反馈，而每个人的反馈可能有所不同。

莲恩记录了一段比较有代表性的初次阅读评价：

"那朵花有脸！"
"嘿，看那道树篱。是她！那位女士——斯迈思太太。"
"上面有个苹果——是真的吗？"
"有什么好玩儿的？是那些树——看，越来越密——就像树逐渐长出叶子一样。"

而第二遍阅读的时候，对话变成了这样：

"那是什么，米老鼠？是真的吗？"
"不，只是个玩具。"
"他可能在向他们挥手告别。"
"如果他不是真的，就不会挥手。"
"不管怎样，要是真的米老鼠呢？"
"我想斯玛奇只是在想象。"
"这个公园真好玩儿！树林里一片漆黑。根本不像真的公园。"
"我觉得这是一场梦。"
"肯定是一个梦——没有人带猪出去散步！"
"你就可能，我觉得。"

"不可能。无论如何，你永远不会看到人猿泰山和圣诞老人在一起——就连电视里也不可能的。"

"故事里可能会有。"

"是的，但这个本来就是故事！"

"是啊，我知道——我的意思是，我可以编一个同时有他们俩的故事。"

"但是这个故事——那些话里——根本就没有提到他俩。"

希望各位通过以上记录样本，都能认同莲恩·苏特对布朗的书及其对儿童影响的看法。与此同时，她的录音也让我们了解到成年人能做些什么、能往哪个方向去引导孩子们的讨论。当然此处有两个前提：一是要为这样的讨论创造机会；二是要给小读者提供适合的书，唯有如此，才有可能展开这样的讨论，得到这样的反馈。我还想多提一点，莲恩本人也发现，成年人其实还没有准备好和孩子探讨文学问题。对于孩子所说的读后感，我们还没有足够仔细地考虑过应该如何应答。但至少莲恩已经迈出了关键的第一步：她在认真听孩子说话，并顺着这些线索开展工作。

在继续往下讲之前，请允许我再次引用这些孩子的对话。"我看到了一道彩虹。"一个孩子说。"这不是那个彩虹，它就像我画的一样。"她的朋友说。"为什么那儿会有一道彩虹呢？"第一个孩子问。"嗯……"另一个说，"因为彩虹让人很开心，所以它就在那儿了呀！"

莲恩的工作是令人钦佩的。另一个项目也是如此，发起人是斯文顿一所小学的年轻教师芭芭拉·特尔福德（Barbara

Telford）。她读了艾伦 · 加纳的《石书传奇》之后给我写了封信，告诉我她的发现：

在此之前，还没有任何书面文字能（在我内心）激起如此强烈的情绪。书中描绘的家庭氛围令我感同身受。我离开父母的家独立生活，到现在已有七年。今年夏天，我第一次以"女儿"的身份[1]，而不是以"女儿"和"妻子"的双重身份，再次回到了家里。我发现自己开始思考，我的"根"对我现在的生活和状态究竟有何影响。其实我住的是姥姥的家，还参与了一项旧屋重装的大工程。我童年在那所房子里留下的许多景物都被抹去了。由于半个房屋都已经面目全非，一种强烈的以往生活过的证据被破坏的感觉扑面而来。我看见曾祖父母的照片从墙上掉下来。那一刻我第一次意识到他们是我的祖先，而不仅仅是我母亲的祖先。我不敢相信自己竟然会因为装修而在内心深处感到不安。这种过去的记忆突然被放大的经历，其实也曾出现在其他场合。我并不怀旧，一向认为那些老物件不过是一堆垃圾。在我看来，旧家具总是又丑又脏。然而现在我却感觉旧的东西更有吸引力，只是因为我尝试把这些旧东西和曾经可能使用过它们的人联系在一起……

毫无疑问，对这位年轻的教师来说，《石书传奇》就是那把劈开她内心冰封大海的斧头。最难能可贵的是，她不仅有所领悟，也愿意承认这一点。这种影响力，甚至促使她把《石书

---

[1] 编者注：这里指作者七年以来，首次以"女儿"的身份再次回到父母的家，就像未嫁时那样。

传奇》四部曲介绍给了班上一群八九岁的学生。她在来信中承认自己碰了壁。用她的话说，这些孩子对文学的鉴赏力尚处于"萌芽阶段"。在她被《石书传奇》吸引的同时，专业人士却普遍认为儿童不会也确实不喜欢它。一些人言之凿凿：这根本不是儿童读物。

然而对于接下来发生的事情，芭芭拉以较长的篇幅进行了记录，充满洞察力地揭示了将具有令人蜕变力量的文学作品介绍给儿童的意义。以下就是这次令人印象深刻的教学实践的片段：

读书小组必须找出叙事的几个方面并真正理解，才能放心地展开班级自由讨论。他们并没有一味地接纳我给的解释，反而经常给出一些我此前未曾想到的解读思路。作为老师，我必须牢记这个教训，因为我险些因为把控过度而限制了学生的思考和想象力……另一个警示则是：我要多关注**孩子们说什么**，少关注我自己要说什么，因为后一种做法只会让大家沿着我个人的思路去思考。

芭芭拉的记叙好像在说只有她犯过这种错误，需要吸取教训。但如果她读过其他一些读后感的课堂讨论记录，或者坐下来听一听大人和孩子是如何谈论书的（我自己就经常这样做），她就会意识到，她所发现的问题其实是尚未引起我们大多数人重视的普遍问题。

令我印象最深的是，为了让孩子尽可能读懂这本书，芭芭拉想尽了各种办法。她梳理出了一些必要的前提，并通过适当的方式在书与孩子之间建立关联。例如，她带着孩子们去爬附近教堂的钟楼，只为亲自体验一把《石书传奇》里玛丽的经历。（她不得不拒绝孩子们的要求，因为他们希望能像玛丽那样从外面爬上塔顶！）孩子们为四部曲中的人物绘制家谱，然后又制作了一份自己的家谱。这里我想插一句，结果很有意思，他们发现班上有些同学之间竟然沾亲带故。孩子们把家里一些珍贵的物品——那些芭芭拉一度十分嫌弃的垃圾小摆件——带到了学校，发现所展示的内容竟有着惊人的多样性和趣味性。这些文物主要是带有第一次世界大战印记的物品，以及从旧时大英帝国广阔疆域带回英国本土的东西，那时的不列颠帝国正在世界的版图上开疆拓土：出乎意料的实物证据，证明这两条重要的英国历史脉络竟有着如此深远的影响，至今仍体现在这座现代化工业小镇中的英国普通家庭内部。在加纳的书的影响下，孩子们通过文字、绘画和游戏，两次通读《石书传奇》，听作者朗读自己作品的录音，观看采访作者的电视节目《作家工作室》（Writer's Workshop），尽可能了解故事的创作背景。

芭芭拉最后写道："我从来不觉得无聊……每次课间休息后，我都会急匆匆地赶回教室。随着期末的临近，我们能用来阅读的时间越来越少。为了赶时间完成这个项目，我时常感到焦虑。读书的时间不太好安排。"她认为自己低估了"读这四部曲需要花费的时间和其中包含的阅读量"，"简直是'内容多多，惊喜连连'"，她引用当年《电视时报》（TV Times）上的一则广告开玩笑地说。最后她总结道："我们做到了。我们花了6周时间换来4篇小短文。"

当然，有些时候学生确实会感到疲倦，还会抱怨无聊，但芭芭拉并没有浅尝辄止。她看不上轻而易举的成功，不想用轻松的话哄孩子高兴，从而获得身为老师的所谓成就感。她选择坚守那份热忱，对手中这本书的价值深信不疑。她坚信付出的时间终有回报，更坚信这些孩子终将会因此而感谢她。确实，学生对她感激不尽。而且毋庸置疑，通过那年夏天的 6 个星期，这些孩子阅读文学作品的方式被永久地改变了。

在我以上提到的这几本书里，《石书传奇》可谓最为完美地体现了我在开头所总结的（具有令人蜕变力量的）书的特征：拥有强烈的语言意识，叙事层次鲜明且厚重，对人物和事件的处理方式令人耳目一新，以及它的架构，它的简洁，还有一点——即便是我这样对本书赞赏有加的人都不易察觉，极少探讨的一点——这本书并非像它所伪装的那样，只是一个平铺直叙、循规蹈矩、自然主义的故事。所有这些特征，都使本书成为一块试金石，重新定义了儿童文学的天花板与无限可能。

当然，加纳的声誉足以确保他的四部曲获得高度关注，无论人们最终的评价如何。这里我想再次引用奥登的话：

初次阅读某位陌生作家的作品，不能像拿到成名作家的新作那样去读。对于一位陌生的作家，我们往往不是只看到长处，便是总盯着短处。即便两方面都有所发现，也很难判断孰轻孰重。对于成名已久的作家，就算我们还愿意拜读他的新作，却也明白，若想领略其中精妙，有些缺点就不得不容忍。更何况，我们对成名作家的评判绝非只是简单地参照艺术标准。新作自然有其文学上的价值，但于我们而言，由于长期关注成名作家，因此对于作家出新书的动向我们自然再清楚不过。他不只是一位诗人或小说家，更是我们个人传记中的一个角色。

正因为如此，我们更应当审慎判断该给儿童介绍怎样的书，以及要如何引导儿童关注这些书的特点。所以接下来，我想谈一谈我自己阅读时的感受。

我问自己的第一个问题**绝对不是**"孩子们会喜欢这本书吗？"，在我看来，第一个问题应该是："当我读这本书的时候，会发生什么？"

有一件事我始终想不明白：大多数从事儿童图书事业的人，为何就是无法控制自己的下意识冲动，只要一拿起书，就想找个孩子并当着孩子的面开始读。这样做只会成为一种阻碍，阻碍孩子亲自理解、亲自评估。

所以，我做的第一件事就是自己先读。在读书的时候，我会把自己的反应记录下来。听起来是不是特别做作、特别烦人？其实不然，你只要习惯就好了。

我的反应可分为两类。第一类，书中这样或那样的内容唤起了我对某些过往的回忆。比如，我作为殡仪业者的儿子，书中那些家人去世的场景会不可避免地勾起我无数的童年回忆，我的阅读因此有了色彩。我们不能回避这种反应，因为这可能就是书想要唤起的情绪。第二类，一些基于个人经历的反应，部分源自我过去所读过的书。换句话说，从某种程度上来说，所有的书都要由其他的书来成就；所有的阅读体验，无论成功还是失败，都取决于你此前的阅读经历。这些因素必须加以分辨，有时作者会刻意玩弄这些把戏。举个明显的例子，阿尔伯格夫妇（the Ahlbergs）在《每只桃子、梨子、李子》（*Each Peach Pear Plum*）中串联起了各种经典童话和经典角色，简·奥斯汀（Jane Austen）在《诺桑觉寺》（*Northanger Abbey*）中借用了她青少年时期阅读的哥特式小说。有时候，不管是否出于自愿，"后来之作"都无法回避它文学意义上的"前辈"，就像大卫·斯托里（David Storey）写的《萨维尔》（*Saville*），终究避不开 D. H. 劳伦斯（D. H. Lawrence）的《儿子与情人》（*Sons and Lovers*）。

好了，现在我已经读完了第一遍；接下来是第二遍，这一遍的阅读体验取决于我第一次读这本书时的思考；然后是第三遍，这一遍我们需要回答一个问题："作者是如何写出这本书的？"我们很多人在中学和大学英语文学课上都是这样学习阅读的。有些人会因为这种训练而心生反感，但我恰好碰到了好老师，将文学研究变成了令人激动的侦察工作，我至今仍乐此不疲，而且这种问题确实有助于理解作者希望读者在他／她的作品中发现什么。

搞定——听起来似乎过于顺理成章了，其实，所有这些问题在脑子里只是瞬间闪过——接下来的问题是："如果读者想要充分享受这本书的内容，或者想要充分发现这本书的潜台词，该怎么做？"对于这个问题，与其他的读者展开交流和讨论，才是最行之有效的做法。如果你愿意，我们可以先热情地分享读书心得：我比较喜欢这个部分，不太喜欢那个部分；你注意到那一点，却偏偏忽略了这一点，还真让我惊讶；等等。接下来，我们开始交流读书过程中的疑问：你觉得作者为什么会这样处理？那是什么意思？为什么作者不告诉我们这件事或者那件事？无论如何，交流的核心始终是挖掘作者想要通过这本书表达什么。于是现在我们第四遍认识了这本书：一本经由经验的分享与交流，最终得到理解并有所领会的书。

通过这个过程，我们逐渐清晰地认识到，如何才能帮助儿童，让他们与书站在同一高度。就像芭芭拉·特尔福德在推广《石书传奇》时所做的那样。我们还要找出读者需要的参照点。因为一些书对儿童来说可能过于晦涩难懂，于是我们知道最好是用其他书作为铺垫，帮助孩子逐渐读懂较难理解的书——比如，《纸片人斯坦利大冒险》（*Flat Stanley*）恰好可以为《不停缩小的特里霍恩》（*The Shrinking of Treehorn*）作铺垫，因为它们在叙事方式上采用的是同一种路线。换句话说，我们首先应该以孩子为参照，拿起一本书，问自己一个问题，不是问"孩子会喜欢这本书吗？"，而是问"这本书是否值得孩子花时间、花精力阅读？"。如果答案是肯定的，那么再追问自己，"我如何才能尽可能地帮助孩子爱上这本书，享受这本书？"。我们根据自己对这本书的理解，判断应该将孩子的期望值设定在一个什么水平，以及如何才能帮他们更好地达成所愿。在此，我们不妨回顾一下罗伯特·温特尔的智慧：有时候要让书来提出这个要求，成年人则完全不必劳，只需要简单地促成读书行为，即安排好时间，布置合适的阅读环境，提供书籍，以及营造读书的氛围。

最后我想说，如果文学是劈开儿童内心冰封大海的利斧，那么挥舞利斧的双手，则属于心怀儿童、掌握知识的成年人。作为大人，首先要怀着无比愉悦的心情，运用熟练的阅读技巧，挥舞起这把利斧，并做到量力而行。

第三章

书中的读者

The Reader in the Book

本文原为 1977 年 2 月我在布里斯托尔大学教育学院发表的一篇演讲稿，题为"儿童读物为儿童"（A Children's Book is for Children）。1977 年 5 月 23 日，文章首次刊载于《信号》杂志，后被陆续转载，并不时冒出令人费解的删节版本。这篇文章因其中的批评直中要害，获得了美国儿童文学协会（Children's Literature Association）颁发的第一个年度优秀评论奖。

*

I

1. 孤掌难鸣

人们总爱喋喋不休地争论，某些书究竟能不能算"儿童读物"。想给出确切的答案的确很难。有人甚至声称根本不存在什么"专门写给孩子看的书"，只有"孩子恰好能看的书"。但除非某些人执意站队，固守教条（我就不想这样，因为两边都让我无法忍受），否则大多数人都必须承认以下事实：争执的双方都只握有部分真理，任谁出马都不过是以偏概全。

事实上，一些书从特定意义上理解，明显就是**为孩子而写**的——作者就是在以儿童为对象进行创作。而另一些书，从来就不是专门为孩子写的，却拥有让孩子喜爱的特质。

这是不言自明的道理。但仅仅这样还不够，无法帮助我们从文学批评的角度看待书籍，或一劳永逸地平息这场争论。我们必须通过文学批评的手段，将儿童视为"读者"——只有将儿童考虑进来而不是无视他们的存在，才有助于我们进一步理解一本书，发现它试图寻找的读者；也只有通过文学批评的方式，我们才能真正认识原本就藏在书中的读者。

在我看来，所有的文学作品都是一种交流的形式，一种表达的途径。塞缪尔·巴特勒（Samuel Butler）曾提出所谓"孤掌难鸣"的说法，他认为作者和读者是相互成全的，有说的人（sayer），就有听的人（sayee）——一个说，一个听。因此，如果文学是一种表达途径，那它一定需要"读者"去帮它完成表达的闭环。如果真是这样（我确信是这样），那么作者在写作时必然是以"某人"为对象的。而那个"某人"，正是所谓的"隐含读者"（implied reader）。

2. 隐含读者

请允许我为自己辩护——因为有人可能现在就想提出反驳——我并非是说，作家写作时一定会在脑海中预设一个具体的读者形象。F. H. 兰曼（F. H. Langman）在《文学批评中的读者概念》（The Idea of the Reader in Literary Criticism）一文中这样写道：

我并不是说大家一定要知道作者心中的读者是谁。作者可以只为某个人而写，也可以为数量庞大的公众而写；可以为自己而写，也可以不为任何人而写。但是作品自己会寻找它的读者，这个"读者"可能与作者原本期待的读者类型相符，也可能并不一样。对文学批评家来说，重要的是要辨别出谁才是作品在寻找的隐含读者。评判一本书，不仅意味着要正确理解它的内容，在很大程度上也意味着要正确认识书中的隐含读者。

现在我可以继续了。我认为，除非我们先搞清楚要如何正确看待隐含读者，否则呼吁其他人认真关注这一问题就只能是徒劳的。毕竟目前我们中间只有少数人意识到了了解儿童文学和儿童的重要性。之前，困扰儿童文学批评的关键在于，有些人一直拒绝接纳关于"书中存在儿童读者"的概念，他们急切地想要维护文学批评的体面。他们确实做到了，把"书中的读者"晾在了一边，盲目坚信主流批评界需要他们这样做。事实上，文学批评这些年来越来越重视对这一具体文学领域的研究。儿童文学的批评家若想在儿童文学研究之外的领域与同行平起平坐（就算不是出于其他更有价值的原因），就必须证明"隐含读者"的概念与"作为儿童的读者"以及"儿童所读的书"之间究竟存在怎样的关系。

隐含读者的概念源于这样一种认知："孤掌难鸣"。它的意思就是，为了发现文本真正的含义，作者通过自己的书与读者建立了一种联系。沃尔夫冈·伊瑟尔（Wolfgang Iser）在《隐含读者》（*The Implied Reader*）中表示，这种批评方法"首先关乎一部作品的形式，因为人们通常把形式定义为一种交流的手段，或一种对洞察力的推敲"。

为达到这一目的，作者（在有意或无意间）创造出了韦恩·C. 布斯（Wayne C. Booth）所说的"一个属于作者本人的形象和另一个属于读者的形象；作者创造出读者，正如他创造出第二个自我一样。而最成功的阅读，就是被创造出的自我、作者与读者完全契合"。[1]

作者的"第二自我"[2] 是作者运用各种技巧创造出来的，比如，通过把自己置于旁白的角色——无论是第三人称如神灵般无所不知的角色，还是第一人称的儿童角色——通过评价故事里发生的事，以各种方式或含蓄或明白地传达自己对书中角色及其行为的态度。

同样地（再次重申，是在作者有意或无意之间），读者的第二个自我（即"书中的读者"）也被赋予了特定的属性和人格面貌，以叙事的技巧和手法被创造了出来。而这个人格面貌则在作者的引导之下，逐渐接近了书中隐藏的含义。

布斯指出，必须区分"作为读者的我和那个为了支付各种账单疲于奔命、修理漏水的水龙头，既不慷慨也无智慧的截然不同的我。只有在读书的时候，我才会成为那个在信念上与作者情投意合的自我。无论我在现实世界抱有什么信仰、如何做事，若想充分享受这本书，我就必须让我的思想和心灵臣服于它"。

---

[1] 作者注：参见韦恩·C.布斯《小说修辞学》（*The Rhetoric of Fiction*）。

[2] 作者注："第二自我"这个词，经由凯瑟琳·蒂洛森（Kathleen Tillotson）在伦敦大学的就职演讲而再次复活。她的演讲稿以"故事与讲述者"（The Tale and the Teller, 1959）为题，其中写道："道登（Dowden）在1877年提到乔治·艾略特（George Eliot）时曾说，读完她的小说，印象最深刻的并非是书中任何一个角色，而是'那个写出这本书的第二自我，就算不是乔治·艾略特本人，也是那个通过这些书而有了生命、能够说话的第二自我'。那个'第二自我'，道登继续写道，'比任何单一的人类人格都更显充实'，'更为奔放'，而'在它身后，从过去一直活到现在的真正自我，则美滋滋地潜藏着，不会被粗鲁无礼的打探和批评所冒犯'。"

3. 不肯就范的儿童读者

布斯所表达的意思，相信成熟的文学读者一定会感同身受：一次成功的阅读体验，要求读者心甘情愿地把自己奉献给书。他们对此早已驾轻就熟：如何抛开自己的偏见去接纳文本的偏见，如何一头扎进书里的世界，化作书的一部分，同时又坚决不会抛弃自己。用 C. S. 刘易斯的话说，就是文学让他得以"阅人千百而依旧故我"。

当然，儿童还没有完全掌握其中的窍门，他们不懂应该怎样回应书籍发出的邀请，并适时地转变人格。从这个层面来说，儿童是不肯就范的读者。儿童要求书籍主动地迎合自己，期望在书中与作者初次相遇时就能被作者接纳，而不是自己初次捧起一本书时要立刻接纳书。我所寻求的批评方法应该能提供一种难能可贵的可能性：先让书变得更易于儿童理解，接纳儿童的本来面貌，然后再逐渐引导儿童主动地融入文本；让书辅助这些小读者推敲作者的意图，培养他们的理解能力，让他们能像真正的文学读者那样接纳文本，而不是把文本用于其他非文学的目的。

而隐含读者概念及相关批评方法的引入，恰好能帮助我们达成这个目的。它们引导我们发现作者和故事中隐含的（儿童）读者之间建立起的联系，我们应当关注作者是如何创造这种联系的，并发现作者想就某些意图与隐含读者进行协商的意义。显然，通过这样的理解，我们就能超越对文本的批判性鉴赏，触及其他一些人们关心的涉及儿童读物的基本问题：如何将书介绍给它们的读者，让儿童更好地欣赏这些书，并逐渐成为真正的文学阅读者。

II

我们必须认真研读一本书，以便揭示其中的隐含读者。但在我们探讨这个问题之前，或许有必要考虑一下，作者都会通过哪些主要技巧来确定写作的腔调——确立作者与预设读者之间的关系。特别是对于儿童读物来说，作者是通过哪些技巧将读者带入文本，让读者心甘情愿地接纳书中的角色并回应书中的要求的。

4. 文风

文风（style），用来表述作家运用语言塑造第二自我和隐含读者，以及用来表达意图的特定方式。我们绝对不能简单地认为文风只不过是句子结构和词汇选择的问题，它还包括作者对于意象的运用，对典故有意或无意的引用，认为读者无须借助解释或描述就能理解的内容，以及作者对于信仰、习俗和置身于叙事中的角色所持有的态度——所有这些都可以透过作者的写作方式表露出来。

我们可以通过一个简单的例子，对比作者以成年人为对象写作时的文风和将同一个故事改编为儿童故事时的文风。这个例子来自罗尔德·达尔（Roald Dahl）。他的短篇小说《世界冠军》（The Champion of the World），最早发表在杂志《纽约客》（*The New Yorker*）上，现被收录在达尔的故事集《吻啊吻》（*Kiss*

Kiss）中。几年后，达尔为儿童改写了这个故事并取名为《世界冠军丹尼》（*Danny: The Champion of the World*）。最初的版本无论是在主题还是语言上都并不难懂，任何一个 10 岁的孩子，只要具备一般阅读能力并且愿意，都可以毫不费力地阅读。两个版本都采用第一人称叙述；成人版中有一位大人作为旁白者，在某些方面这个角色显得十分天真。达尔（遵循瑟伯在《纽约客》任编辑时期的传统 [1]）采用这种手法来衬托旁白者的好友克劳德——一个老于世故、处事不惊的角色，并借助这种手段渲染夸张的喜剧色彩，避免这篇作品沦为一个略显滑稽的平庸故事。

由于成人版采用第一人称叙述，读起来不难，情感基调也很率真，因此达尔将原著中的大部分内容原封不动地搬到了儿童版中。不过其中仍然有一些耐人寻味且十分关键的改动。下文是成人版中对大坏蛋维克多·黑泽尔（Victor Hazel，两个版本中名字的拼写略有区别）首次亮相的描写。他的自命不凡和自私自利是如此肆无忌惮、不可原谅，以至于在旁白的眼中连主角偷偷猎杀他家的野鸡都足以变成一项"正义之举"：

> 我当时不太确定，但我怀疑此人不是别人，正是著名的维克多·黑泽尔先生本人。他是这块土地和那些野鸡的拥有者。黑泽尔先生是本地的酿酒商，举止傲慢，简直令人难以想象。

---

[1] 译者注：詹姆斯·瑟伯（1894—1961）美国作家、漫画家。1927 年起，供职于创刊不久的《纽约客》杂志，成为其中最年轻有为的编辑和撰稿人之一，参与构建并确立了《纽约客》的风格特质：坚持自身的文化特性，幽默诙谐却不低俗，针砭时弊，深度探讨彼时纽约的城市风貌。瑟伯也被称为"继马克·吐温之后美国最成功的幽默作家"。

他的财力雄厚到让人词穷，他的产业遍布山谷两侧，绵延好几英里。他白手起家，毫无个人魅力，更不具备可贵的美德。他厌弃所有下等人，只因为他自己也曾是其中的一员。他拼命往他认为值得交往的那个圈子挤。他骑马打猎，举办狩猎晚会，穿着华丽的马甲。每到工作的日子，他都会开着一辆阔气的黑色劳斯莱斯，从我们的加油站一旁驶过，去他的啤酒厂上班。当车子飞驰而过的时候，我们偶尔能瞥见车轮上方那位伟大酿酒师满面红光的脸，粉扑扑跟火腿似的，因为喝了太多啤酒而变得又软又肿。

下文则是儿童版的改编文字：

我必须先打住，给大家介绍一下维克多·黑泽尔先生其人。他是一位啤酒酿造商，拥有一座庞大的啤酒厂。他的财力雄厚到让人词穷，他的产业遍布山谷两侧，绵延好几英里。这儿周围几乎所有的地都归他，包括路两边的所有产业。唯一例外的就是我家加油站所在的这一小块地方。这一小块地是我父亲的，就像是黑泽尔先生一望无际的产业汪洋中的一座孤岛。

黑泽尔先生是个牛气哄哄的势利小人，拼了命都想挤进他认为是体面人的那个圈子。他骑马打猎，举办狩猎晚会，穿着华丽的马甲。每到工作的日子，他都会开着一辆阔气的银色劳斯莱斯，从我们的加油站一旁驶过，去他的啤酒厂上班。当车子飞驰而过的时候，我们偶尔能瞥见车轮上方那张巨大且满面红光的酒糟脸，粉扑扑跟火腿似的，因为喝了太多啤酒而变得又软又肿。

达尔对一些句子进行了简化，将成人版中使用逗号分隔的长句改成了几个短句。他还删除了一些内容：将抽象描写拿掉，比如黑泽尔厌弃所有下等人，只因为黑泽尔自己也曾是其中的一员。大概达尔觉得儿童既无法（也不想）理解成人版文体的复杂性，也无法理解黑泽尔行为的动机。不管我们怎么解读，这必然揭示了达尔对隐含读者的假设。

他希望达到的效果——而且确实达到了——是一种清楚、利落、平和，对语言能力要求不高的口吻，并能够在他的第二自我和隐含的儿童读者之间建立起一种亲密但仍旧由成年人把握的关系。在专为儿童写的书里我们经常能发现这样的表达：这是一种口语的表达，而不是内心独白或天马行空的私下忏悔。事实上，这是一个友好的成年人在讲述故事时使用的口吻，他知道如何在取悦孩子的同时，让他们留在自己应有的位置上。即便是谈及令人唯恐避之不及的儿童禁忌话题（比如《世界冠军丹尼》中的偷猎行为，以及这段节选内容中关于成年人的刻薄言辞），口吻上也带着一种在客厅里常见的礼貌劲儿。它最典型的文风就是在故事中动辄提到"孩子们"。亚瑟·兰塞姆（Arthur Ransome）对这种传统风范的坚守可谓登峰造极：

于是孩子们便开始给爸爸写信并寄给他。一天又一天，大家白天去达里恩峰上露营，晚上则返回农场睡觉。妈妈带他们在湖上划艇的时候，他们也经常故意往另一边划，这样就能避免因为登岛而让这段探险之旅过早失去神秘感。然而随着时间一天天过去，不知为何，孩子们总觉得收到回信的希望越来越渺茫。那座小岛似乎就像他们从火车上看到的遥远风景，那边有着他们永远无法亲历的生活。可是现在，那风景突然触手可及，小岛很快就要成为他们的了。大人同意他们独自驾驶帆船，驶出那片小小的湖湾，绕过岬角，一路向着小岛进发。他们终于获准登上小岛，而且在收拾行李回城上学之前，他们都可以待在岛上。真是喜从天降，但孩子们的神情却变得严肃起来。他们默不作声地啃着涂了果酱的面包片。摆在眼前的挑战太过严峻，谁也没心情耍嘴皮子。约翰琢磨着驾驶帆船的事，不确定自己还能不能想起去年学过的所有东西。苏珊想的是要准备哪些东西、怎么做饭。提提满脑子只有那座岛、珊瑚礁、宝藏和沙滩上的脚印。罗杰想的是，这次他终于没有被留在家里。有生以来，他第一次体会到，自己不再是全家年纪最小的孩子是件多么幸福的事。现在维琪是最小的，她得乖乖待在家里。而他罗杰，即将成为船上的一名水手，和大家一道扬帆起航，驶向那片未知的世界。

兰塞姆与读者之间建立的关系与达尔所建立的别无二致，就连风格特质也如此相似。只不过兰塞姆的行文风格较达尔更为流畅，读起来更舒缓、平衡、悦耳。但其本质上仍属于为孩子创作的作品；没有人会以为，兰塞姆为成年人写作时——我的意思是将"成人"作为那个隐含读者时——会像此处节选的《燕子号与亚马逊号》（*Swallows and Amazons*）那样，使用如此明白晓畅的口吻和如此优美的语言。

正如我所说，风格可以以一种比上面这两段节选所体现的更为复杂、微妙和有效的方式发挥作用——或者说，可能比我在这里表述得更有效。稍后我们会通过一篇重量级文本进一步考察"作者—读者"的关系。

5. 幕间休息：作者说了什么

一提到兰塞姆，我们就会想起他那句被广泛引用的关于"**为孩子写作**"的名言："写作不是**为了**孩子，而是**为了**自己。只是幸运的情况下，你所喜爱的作品恰好也为孩子所爱。怎么能说，因此你就是一名儿童文学作家了呢？"

就算他真是这么以为的吧——显然，从中不难看出兰塞姆对自己的定位。然而，我们很难通过兰塞姆的书相信，如果他真认为自己主要面向的是"成年读者"，还会在写作时采用那种口吻，还会以那种方式处理他的故事。即便是从传统批评视角审视，抛开所有涉及（或隐含的，或其他什么意义上的）读者的因素（当然此处不包括某些一向认为自己客观公正、不具有显著特征的批评家——上文提到，兰曼曾对这个问题有非常针对性的表述），我们也能从很多具体的处理方式上看出，兰塞姆的书就是写给孩子的，不管他本人如何说。但我并非是想让各位以为兰塞姆，或者任何与他持有相同观点的作家是在意图掩饰什么。我只是想再次强调兰曼的观点："作者可以只为某个人而写，也可以为数量庞大的公众而写；可以为自己而写，也可以不为任何人而写。但是作品自己会寻找它的读者，这个'读者'可能与作者原本期待的读者类型相符，也可能并不一样。"

如果这段话言之有物，那就证明了这样一件事：我们必须慎而又慎，小心引用作者在公开场合或私下的表态作为文学批评的证据：在评论儿童读物时，我们还没有将这一点谨记于心。

近年来，很时兴把作者请到台上，让他们向公众讲述自己的创作心路，针对那些最难听的否定与即兴批评展开反击。然而，无论是对作者还是对读者，这样做都讨不到任何好处。

6. 视角

通过叙事腔调（tone of voice），即作为整体的文风，就可以迅速确立作者与读者之间的关系，立即勾勒出隐含读者的形象。在将儿童作为隐含读者的书中，作者倾向于通过赋予"第二自我"（各位也可以理解为赋予这本书）一个精确聚焦的视角，来加强这种关系。而为了打造这样一个精确聚焦的视角，他们倾向于把一个儿童角色置于故事的中心位置，通过这个孩子的视角观察一切，感受一切。

我们不能简单地将其视为一种写作套路。如果说儿童文学确实具有什么意义，那就是它首先要关注童年的本质，不仅要关注大多数儿童都具有的本质，更要关注这种本质的多样性。因为正如其他文学体裁一样，儿童文学也在竭尽所能地"探索、重塑以及追寻人生的意义"[1]；尝试通过语言与形式之间的独特关系，展现儿童和他们的生活。

但是，为了创造隐含读者，以及为了将儿童读者吸引到自己的书中，这种利用儿童视角缩小焦点范围的做法，有助于将作者在书中的第二自我圈定在儿童读者的认知范围内。而孩子

---

[1] 作者注：语出理查德·霍加特（Richard Hoggart）。

一旦在书中发现了这个"隐含的作者"，并且因为对方与自己同属儿童而成为朋友，孩子自然就会被书所吸引，他／她会接纳这个隐含的儿童读者的形象，出于自愿，甚至会十分迫切地渴望把自己交给作者和这本书。接下来作者无论如何引导，孩子也会照单全收。

由此可见，书中的视角不仅是建立作者—读者关系的一种手段，更是一种强大的溶剂，可以溶解孩子那些"不够文学的"阅读方式，并将其重新塑造成这本书所期待的那种读者。

然而，以儿童为焦点的视角可能会令一些作家感觉过于拘谨，束手束脚。因此他们希望找到另外一些途径，既能通过缩小焦点保持对儿童的吸引力，又能呈现成人眼中更全面的画面。一些作家会使用"直接空降"的方法，即直接引入成年人角色，并在叙事过程中，在"儿童焦点"和"成人焦点"两种视角之间不断切换。然而尝试这种方法的作家本来就不多，成功者就更屈指可数。这仍是当代童书作家面临的一个主要难题。尼娜·鲍登（Nina Bawden）的《嘉莉的战争》（*Carrie's War*）就非常值得我们就此展开批评研究。它是一个绝佳实例，成功地向我们展示了作家是如何创造出隐含读者，又是如何在展现成人角色复杂性的同时，避免了让小读者感到无所适从的。

大多数作家通常不会直接塑造出一个成年人的形象，而是更倾向于以虚构的方式讲故事，比如他们通常会安排一些拟人化的动物角色。罗伯特·C.奥布赖恩（Robert C. O'Brien）的《尼姆的老鼠》（又译《费里斯比夫人和尼姆的老鼠》，*Mrs Frisby and the Rats of NIMH*），就是一部很受读者青睐的当代作品；

肯尼斯·格雷厄姆（Kenneth Grahame）的《柳林风声》（*The Wind in the Willows*）可能是其中最知名、最受追捧的作品之一；拉塞尔·霍本（Russell Hoban）的《老鼠父与子：不可思议的旅程》（*The Mouse and His Child*）则是层次和处理手法最为复杂的作品之一（出于这个原因，我们发现对这本书反响最为热烈的，显然不是儿童，而是青少年）。

但是根据本次演讲的主题，如果让我推荐两本适合 7 岁以上孩子，包括成年人阅读的作品，我会做如下选择：艾伦·加纳的《石书传奇》，作为"直接空降"的例子；特德·休斯（Ted Hughes）的《铁巨人》（*The Iron Man*），作为虚构的例子。

7. 选边站队

当然，我们并不能因此就认定，只要作家把儿童置于故事的叙述中心，就必然会甚至是蓄意地与儿童结成同盟。《蝇王》（*Lord of the Flies*）里的角色全是小孩，但绝对不会有谁把它视为一本儿童读物（青少年倒是挺喜欢这本书的——至少老师认为是学生的必读书；但青少年不算儿童，一直以来我都这样认为）。即使威廉·戈尔丁（William Golding）在这本书中将叙述局限于儿童的视角，其实在作品的内容和认知上却都极为成人化。这种视角无法体现其打造出来的文风和隐含读者。

威廉·梅恩（William Mayne）总是以儿童文学作家的身份出版作品。但众所周知，他的作品孩子读的少，成年人读的多。我知道他其实本想"成为"儿童文学作家。但对于他的书所体现出的口吻，查尔斯·萨兰（Charles Sarland）在《唱诗班四重奏》（Chorister Quartet）一文中的结论可谓一语中的：（那种口吻）实际出自那个既是儿童观察者又是故事旁白者的隐含作者——一个旁观者，而非同盟。甚至就连他那极富戏剧性的技巧，似乎都是故意设计出来的，好让读者与作品里的故事和人物保持一定距离。这种对待故事的态度在儿童作品中是如此鲜见，以至于即便儿童在长大后成为成熟而善于思考的读者时，也会发现实在很难猜透梅恩的心思。他希望他的读者退后一步，疏离地审视由他本人所提供的内容。我能想到最为贴切的类比是，梅恩的这种做法，就像布莱希特（Brecht）希望他的观众退后一步，疏离地审视舞台上发生的剧情一样。

正如萨兰所说，梅恩"要求读者在一定程度上是老练的，而这种特质在与他笔下角色同龄的孩子身上通常是找不到的。显然，从他运用节奏、对话、因果关系、双关语和文字游戏等手段来看，他绝对不希望自己的读者被叙事的洪流一路裹挟"。

换句话说，梅恩的作品中蕴含着一种矛盾的情绪，干扰着他与儿童读者的关系。更令人感觉心累的是那种割裂感：一方面，他的叙事视角看起来似乎很想让书站在儿童的一边；另一方面，他的叙事技巧又在不断地要求读者脱离故事——退后一步冷静地审视它。

梅恩"或许"想要努力达到的效果——之所以说"或许"，是因为我不确定他是不是**有意**在这样做——并非不可能实现，只是对儿童来说确实很难。我没有足够篇幅在此深入探讨这个问题，但这确实是一个非常吸引人的话题。我只能给想要沿着这个方向继续探究的人一些提示：艾伦·加纳的《石书传奇》

恰恰成功平衡了这些相互矛盾的要求，既能通过叙事吸引读者，又能帮助读者退后一步冷眼旁观。当然，这本书的可贵之处还有很多。加纳做到了一点：在儿童成为读者的早期阶段就能让他们以这种方式投入阅读，而更小的孩子则可能需要在成年人的帮助下才能获得深刻的体验。

"选边站队"确实可以作为一种简单粗暴的"把儿童读者拉到你这边"的手段。伊妮德·布莱顿（Enid Blyton）的小说就很能说明问题。她直接选择让自己的第二自我与书中的小孩以及她所期待的读者站在一边。她以和孩子串通起来，玩一场"我们小孩对抗他们大人"的游戏的方式，对儿童读者"宣誓效忠"。她对成人角色的处理方式最能淋漓尽致地揭示这一意图。比如《神秘包裹》（*The Mystery of the Strange Bundle*）中的警察戈恩先生[1]。这个倒霉警察的名字（别忘记这是作者给他起的）足以说明布莱顿对这个男人及其工作的态度，以及她作为故事里孩子帮的一员所持有的立场。"嘿，孩子们，我们一起玩这个游戏！"她公开且毫不扭捏地宣告：一起消遣大人；一起向他们证明谁才是最棒的；一起破解谜题，来一次冒险。

她的书在取名上同样努力强化这一立场。名字令书充满吸引力，吊足了读者的胃口，而且她总能不负期待。她的"神秘系列"有 10 本书，"探险系列"有 8 本，还有 12 本书则讲述了"四个孩子和一条狗的五伙伴历险记"。

---

[1]　译者注：戈恩（Goon）先生的名字，在英文中原指"打手、蠢材"。

在一次接一次的冒险事件中，布莱顿与她的隐含读者相互串通。有时，她会告诉对方一些书中角色还不知道的事情，让隐含读者掌握先机；有时又通过隐瞒一些（后来才发现书中角色早已知晓的）细节让书中角色略胜一筹。而成年人只能排在叙述者、书中角色和读者之后后知后觉。

在她的那些故事中，总有一种在大人们听不到的地方低声诉说秘密的感觉，一种充满危险气息的魅力，因其叙事风格而变得更有感染力，这种叙事风格看起来并不会令人感到不快，就好像一位知书达理的年轻阿姨一边喝着热可可、吃着饼干，一边将睡前故事娓娓道来。但最终，布莱顿因为和她所渴望的读者过于抱团而导致她辜负了他们，因为她永远都不肯让他们走得更远。她是一个女版的"彼得·潘"，让人感觉压抑的大人，宁愿小孩永远不要长大，只有这样，她才能享受孩子们那些可爱的小缺点，并以大人的优越感支配他们。这种对童年的背叛深深渗透进了她的故事：我们目睹她笔下的小孩都有这样的隐藏性格，拼命想要控制对方，还想要控制成年人。

里奇马尔·克朗普顿（Richmal Crompton）的精明也不遑多让，她同样与儿童读者结成了牢不可破的同盟。[1] 不过，她的作品另有可取之处，其中之一就是她对于威廉、"捣蛋帮"以及他们的冒险行为采取了讽刺的处理方式。作为一位技法娴熟的短篇小说作家，克朗普顿的故事构思优雅，在写作手法和细节把控上都堪称一流。但最重要的是，她将必要的元素注入

---

[1] 作者注：当然，"捣蛋鬼威廉系列"（William stories）最初是写给成年人看的，但很快就吸引了一批儿童读者。在这之后，里奇马尔·克朗普顿对于自己真正的读者群体再也没有产生过怀疑。

了儿童读物，如果孩子们想要得到超越布莱顿代表的那种写作的阅读体验，就必须自己发现这些元素。也就是说，如果孩子们不能读懂克朗普顿作品中的讽刺意味，那么文学（除了单纯的故事情节）就永远无法为他们提供充沛的乐趣，自然也无法为他们展现最深层的含义。

作者一旦与儿童结成同盟，并且确立了儿童认可的叙事视角，就可以操纵这一联盟引导读者发现作者希望通过协商达成的意义。沃尔夫冈·伊瑟尔就为我们提供了这样一个实用范例。但他所举的例子并非来自某本儿童读物——毕竟这种叙事手法很少见——而是出自《雾都孤儿》（*Oliver Twist*）。伊瑟尔引用的场景是当时饥肠辘辘的奥利弗：

厚着脸皮（在叙述者看来）讨要另一盘汤。在呈现这一大胆行为时，叙述者刻意规避了奥利弗的内心感受，以此凸显权威对这一不合理要求的愤慨。叙述者以严厉的态度站在权威的一边，由此可以确信，他那铁石心肠的姿态一定会引发读者对这个又穷又饿的小孩排山倒海般的同情。

通过这种对读者期望值和忠诚度的娴熟操控，以及在作者牵引之下迸发的渴望，令"隐含读者"进一步转化为"涉足更深的读者"：一个将脑力和情感全部投入到书中的人，不仅参与书中的情节和角色，还参与作者和读者之间对潜在意义的协商，可以说读者完全参与其中。此时读者无论如何都不愿停止阅读；最大的渴望就是攫取这本书所提供的一切，并且是按照作者所希望的方式。最终，读者成为作品创作的一分子，敏锐地捕捉到了书中的"叙事留白"。

8. 叙事留白

随着故事的展开，读者逐渐发现了其中的意义。很多作者都会尽量将故事的意义表达清楚，不过这样留给读者协商的空间就很有限了。也有些作者会故意留白，读者必须主动填补这些空白，才能使故事的意义完整呈现。一个技巧圆熟的作者就好像是一部剧作的导演：他负责组织叙事，再以戏剧的形式引导读者找出可能的意义；他在台上引导读者，将各种技巧加入剧中，并且很清楚这些技巧会如何影响读者的反应，如何引导他们的期望。这正是伊瑟尔所说的狄更斯（Dickens）在《雾都孤儿》中采用的叙事方式。研究文学的目的之一，就是发现作者给读者留下的需要完形的空白，这些空白一般可分为两种形式。

第一种形式相对更流于表面。这类空白主要来自作者在有意无意间对读者的假设。正如我们在达尔作品的节选中所看到的那样，作者的写作风格能够揭示他对隐含读者处理语言和句法能力的预设。由此，我们还可以通过作者提到的各种事物，发觉他对隐含读者的宗教信仰、政治立场、社会习俗等的假设。里奇马尔·克朗普顿和伊妮德·布莱顿、A. A. 米尔恩（A. A. Milne）、伊迪丝·内斯比特（Edith Nesbit）以及其他很多儿童文学作家，认为读者不仅知道女佣和厨子、保姆和园丁，而且对于住在这些有住家佣人的房子里已经习以为常。这种假设是无意间流露出来的，就像作者所写的那个时代能雇佣仆从的人随便一说的那种口吻。

书中提及的这些事物与读者认知之间的差距，这些对于共性的假设，本来是无关紧要的。但当它们在文本中大量出现，令那些无法或者不愿做出相同假设的人在阅读时感到自己与这本书是如此格格不入时——一旦这种认知的差距随处可见，那么这种格格不入，这种因不适而起的反感，对儿童造成的影响就会和成人的一样大。

而另一种讲述故事时的留白形式——作者向读者下战书，要求读者一起参与建构意义，则具有更为深远的影响。建构意义是文学阅读中的一个重要概念。劳伦斯·斯特恩（Laurence Sterne）在《项狄传》（*Tristram Shandy*）中曾直接提出：

任何深谙礼貌和教养分寸的作家都不会自以为是地大包大揽：对读者理解能力最发自肺腑的尊重，就是友好地各占一半，给读者，也给自己，留下想象的空间。

就我自己而言，我总是这样不断恭维他，竭尽所能使他的想象力和我的想象力一样一刻不得闲。

当然，这并不完全取决于作者。作者自然可以巧妙地运用叙事技巧，与读者"友好地各占一半"，但除非读者也愿意接受这个挑战，否则发现意义的关系就无从建立。这是儿童文学作家肩负的一份责任，也是一种特权。可以说儿童文学作家是在通过写作引导儿童学会阅读：学会接受作者的挑战。

请允许我引用桑达克（Sendak）《野兽国》（*Where the Wild Things Are*）中的一个例子来说明这一重要留白的意义。无论是其中的插图还是文本，这部伟大作品的编排都可谓十分紧凑。第一眼看到此书的读者或许会认为其中完全没有任何留白可供读者介入，这是可以理解的，但事实并非如此。有一处极其重要的留白，除非读者把它填满，否则就无法领会这本书的奥义。这处留白需要由读者一方提供理解：迈克斯梦见了自己的野兽国之旅，而事实上这个"野兽国"就是他本人创造出来的。一旦理解这一点，整本书的意义就立住了，更多各式各样的有趣发现就会源源不断地从书里冒出来。这些发现其实都是指向这一意义的线索。它们一旦被挖掘出来，又会成为更多意义的线索。例如，本书第一页的图片里可以看见一个挂在衣架上的"野人"娃娃；紧接着下一幅画中，又出现了一幅挂在墙上的"野兽"肖像，上面还签了名——"迈克斯 画"。

这种引导读者的小线索或许在大人眼中是显而易见的，但是作为本书的隐含读者，只有四五岁或者 6 岁的孩子，想要填补这处留白、发现这样的细节，就必须积极主动地投入书中，其难度无异于成人在阅读时努力填补乔伊斯在《尤利西斯》（*Ulysses*）中的留白。

艾伦·加纳的《石书传奇》围绕三个主要形象展开，每个形象都被精准地置于三者的关系之中，由此产生了两处至关重要的留白——读者必须进入其中并填补空白，才能明白这本书的潜在意义。莱纳·琴姆尼克的《蓝帽子的起重机》在"各占一半"这件事情上的处理最符合斯特恩的期望，他的叙事腔调是那么理智，那么实事求是，那么温和，那么稀松平常。你可以想象，这个故事的意义也必定带给人这种感觉。但事实上，这本书却充满无限可能，想从理智层面彻底探究绝非易事——尽管这本书的情感如此充沛而又具有吸引力——这也是越来越多老师在把这本书介绍给 9 到 12 岁的孩子后的发现。

9. 小结

在我们着手研究一篇具体文本之前，我想说，"隐含读者"这一概念在欧美文学评论圈中绝非无人问津。这个概念为我们提供了一种批评方法。它所关注的对象不是书中描绘的主题而是交流的方式。读者通过交流方式理解作者想要呈现的现实。这种批评方法能帮助我们判断一本书是否适合儿童、属于什么类型，以及它在期待什么样的读者（换而言之，期待怎样被阅读）。了解到这些，我们就能进一步知道应如何开展阅读教育，我们不仅要教儿童阅读某一本书，还要教某一类儿童阅读某一类书。

我一直试图用简略的语言介绍更多能够激发读者特定反应的重要手段。肯尼斯·伯克（Kenneth Burke）在《文学形式的哲学》（*The Philosophy of Literary Form*）中将这些技巧称为"沟通的策略"。激发读者反应的主要技巧有很多，包括我刚刚介绍过的几种，其他的还有：作者向读者透露了什么，又隐藏了什么；作者传达意图的方式；作者如何激发悬念，如何趁"读者"不备，出"读者"不意；作者如何掌控读者对叙事做出符合他所期待的预期反应。

以上所有技巧都能在作者和读者之间建立联系，我用"腔调"这个词来表示这种关系。而作者，通过在叙述中使用上述技巧（以及其他信号的方式），会在有意或无意间透露他想从读者那里得到什么，他在寻求与读者建立怎样的联系。

现在我想通过露西·波士顿的《格林挪威的小孩》，着重探讨其中的一些问题。

III

10. 为什么选中《格林挪威的小孩》

原因有三:

首先, 波士顿女士是一位值得尊敬和令人钦佩的作家;《格林挪威的小孩》作为她的第一本儿童读物, 恰好适用于我今天想要探讨的问题。

其次, 她不仅值得尊敬, 更拥有重要的历史地位。《格林挪威的小孩》出版于 1954 年, 是第二次世界大战之后首批涌现出来的儿童作品之一, 标志着儿童读物自此崭露头角。说这本书直接影响了 20 世纪五六十年代开始创作的一批作家, 一点也不为过。[菲莉帕 · 皮尔斯的《汤姆的午夜花园》(*Tom's Midnight Garden*)、艾伦 · 加纳的《宝石少女》(*The Weirdstone of Brisingamen*) 以及威廉 · 梅恩作品的诞生, 都应该好好感谢露西 · 波士顿。留待讨论。]

再其次, 波士顿女士曾在公开场合透露过一些关于作品的趣事, 证实了我之前关于作者自我评价的说法。1968 年 11 月, 波士顿女士在儿童图书委员会 (Children's Book Circle) [1] 发表的一次演讲中说:

---

[1] 作者注:儿童图书委员会是伦敦儿童图书编辑组成的组织, 会定期聚会探讨行业问题。

我为成人和儿童写作时是否会有意识地采取不同的方式？不会。在方法、风格、用词或标准上没有任何区别。我可以从任何一本书中挑出一些段落，你绝对看不出我是为几岁读者写的。

　　现在，让我们来看看她的作品。《紫杉树府邸》（*Yew Hall*）是露西·波士顿的第一本小说，是一部给大人看的作品（用她的话说，就是写给成年人的）。

　　或许就是他们的声音让我决定把房子租给他们。所以在一度拒绝之后，我又后悔了，并告诉他们可以搬过来。他是个身材魁梧的男子，长相英俊，就像圣保罗大教堂里的雕像。他那军人般的体态和粗壮的脖子立刻让人联想到披挂着一件大理石斗篷的完美躯干，斗篷搭在其中一只手臂上，大理石花纹紧身衣包裹下的紧实大腿就这样露在外面。他几乎就是那种在18世纪初会被归类为"令人一见倾心"的类型。若不是他那天底下男子最柔和、最温暖，却丝毫不带女子气的声音，我也不会注意到他本人的性格。就像微风拂过树梢，他给人的印象（后来也得到了充分证实）就是，空间很大足够住，绝对不会撞到别人或者被人绊倒。好吧，他或许有些自鸣得意——就像美国声称不需要进口一样。他周身散发出来的那种重量级的气息令人备感安心——一颗重量级的心脏，一个重量级的火堆，一顿重量级的饭，一张重量级的大床，一双重量级的鞋子；我想，此处还必须有一根重量级的棒子，一击重量级的雷鸣。

对比一下她同年出版的第一本儿童作品的开篇（见下文摘录）：两本书在处理手法、文风和用词上有着明显的差异。《紫杉树府邸》的都市风雅迅速确立了其以文学素养高的成年读者为隐含读者的基调。圣保罗大教堂的英俊雕像，军人般的体态和完美的躯干，在 18 世纪初会被归为"令人一见倾心"的类型，美国不需要进口……这一段充斥着各种各样的参照物，每一件都透露出作者希望读者能够匹配自己的文化和社会背景——属于受过良好教育的英国中产阶级。行文充满自信，言辞诙谐，略显高人一等（"或许就是他们的声音让我决定把房子租给他们……"）。这样的文字即使被管家发现自己在读也不必感到羞愧。

那《格林挪威的小孩》又是如何呢？谁是其中的隐含读者？让我们继续往下看。

11. 文风

以下是《格林挪威的小孩》的开篇几段：

一个小男孩坐在火车车厢的角落里，望着窗外的雨。雨点拍打着车窗，泥水不断地往下流，弄得车窗上又脏又难看。车厢里不止他一个，其他的人小男孩都不认识。他独自一人，像往常一样。他对面的两个女人，一个胖，一个瘦，不停地聊着天，一边说还一边咂吧嘴，似乎很享受聊天的内容，就像她们正在吃东西一样。她们一直在织毛线。每次火车停下来，毛衣针"咔嗒咔嗒"的声响就会显得特别大，好像两只闹钟。这是一列停停走走的火车——停的多，走的少——它在平坦的被水淹过的乡村间喘息着前行。到处都是水——不是大海、河流或湖泊，只是毫无意义的洪水。更多雨水滴落在水面。有时，大水淹没了铁轨，这时火车的噪声变得很不一样，但比行船的动静还要轻些。

"我希望是**那场**大洪水。"男孩想道，"那样的话我就能上诺亚方舟了。那肯定很有趣！就像马戏团。也许诺亚手握鞭子，让所有动物绕着圈跑啊跑。场面肯定十分喧闹：狮子在咆哮，大象在号叫，猪尖声尖气地叫，驴高声哼叫，马在嘶鸣，公牛在低啸，公鸡和母鸡担心自己会被踩到，但是却不能飞到屋顶上，所有的鸟儿都在唱歌，尖锐地叫，叽叽喳喳地叫，嘎嘎地叫，咕咕地叫。那声音随着潮水卷过来，会是怎样一番景象？诺亚太太是不是一直织啊织，根本没有注意到？"

他对面的两个女人正在为在下一站下车做准备。她们收好编织用的东西，系好包裹，然后坐在那里盯着小男孩。他有一张瘦削的脸和一双大大的眼睛；他看上去很有耐心，但却面带悲伤。她们似乎才注意到他的存在。

《紫杉树府邸》的语言倾向于拉丁语，《格林挪威的小孩》则可以肯定地说，是属于盎格鲁–撒克逊语。雨点拍打车窗，泥水不断地往下流，嘴唇哑吧哑吧，毛衣针咔嗒咔嗒，更别说托利自己列出的那些描述诺亚方舟上动物的动词了，这样的文风不仅读起来更简单，而且比拉丁文体更活泼，从联系日常生活和吸引儿童方面来看也更为具象。

然而，正如波士顿女士所说，这两本书之间并不存在标准的高低。《格林挪威的小孩》的文本和《紫杉树府邸》一样丰富而厚重——甚至更甚于《紫杉树府邸》，但是用来传达它们的意象和文字在对读者的经验要求上则完全不同。如果想要领略波士顿女士在《紫杉树府邸》提供的一切，粗略地说，你必须熟悉圣保罗大教堂、18 世纪晚期的情况和美国经济。《格林挪威的小孩》则不需要这么复杂。你只需要看过下雨，坐过火车，听过一些关于诺亚和大洪水的故事，看见过女人编织东西，这些文字就可以"原原本本"地呈现在你面前。之后，你只需要让波士顿女士发挥她那充满同情心的想象力，让她带领你前往一个非常明确的方向就好了。甚至从开篇这三段，我们就不难看出她正忙于呈现各种感官体验——视觉、听觉、触觉以及对事物的感觉，她的故事会沿着这个方向带领小读者走很长一段路。

毫无疑问，《格林挪威的小孩》对儿童读者来说更易于理解，与《紫杉树府邸》相对照（《紫杉树府邸》的文风，波士顿女士用来似乎更得心应手——让人感觉它更接近作者自己的思维），会令人感到它的隐含读者应该是儿童。至少，这种文风对"成年人身体内的儿童"很有吸引力，具有我曾提到的给孩子讲故事时的传统英式口吻：直接、清晰、礼貌、坚定、利落。波士顿女士做到了这一点，令人钦佩。

我们必须再找找看，是否还能从其他方面证实她的文风给读者留下的印象。

12. 视角

托利今年 7 岁，以他的年龄来说真是了不起，他是来自某个阶层的孩子。他的父亲和继母在缅甸；他被送进寄宿学校，与校长和她的父亲一起过暑假，然后又被送上火车，独自一人去看望他的曾祖母奥尔德诺夫人，她住在一所又大又旧的房子里。整个故事都是以托利的视角来讲述的。只是偶尔会出于叙事的考虑而短暂转换视角，比如火车上的那两个女人"坐在那里盯着小男孩。他有一张瘦削的脸和一双大大的眼睛；他看上去很有耐心，但却面带悲伤。她们似乎才注意到他的存在"。除此之外，所有的感知都来自小男孩。

就连故事中如此重要的人物奥尔德诺夫人，我们也只能从外部观察。她内心的想法和感受始终如谜，而且这种神秘感对全书的影响很大：奥尔德诺夫人在书中是一个富有神秘气息又颇具吸引力的角色。人们对她感到好奇，被她震慑，对她所掌握的秘密感到害怕。读者之所以得出这样的印象，和这本书微妙的处理手法脱不了干系。自始至终读者都觉得是奥尔德诺夫人本人在讲述这个故事。如果不是奥尔德诺夫人晚上给托利讲的那些故事，这种感觉可能还不会这么强烈。故事讲的是曾经住在这所房子里的孩子，他们死于 1665 年的那场大瘟疫。但是，这本书的其他内容不正是关于住在这所房子里的另一个男孩的吗？所以整本书不就是奥尔德诺夫人讲的一个故事吗？事实上托利会不会是她编出来的？至少，难道不是从她口中讲出那个男孩的故事的吗？而且她还讲得那么好，这难道不正是因为她**知道**——她能看透孩子们的心思（孩子经常认为有些大人有这个能力），能说出他们心里在想什么吗？

所以，虽然故事是从托利的视角来讲述的（当然这不包括奥尔德诺夫人讲的很久以前其他孩子的故事），但控制故事走向的似乎是奥尔德诺夫人。这两方面合在一起，在奥尔德诺夫人、托利和读者之间激发出了一种强烈的同盟感，从而保证作者明白无误地站在了读者一边。

13. 选边站队

其实在整个故事发展到足以建立我刚才描述的牢固关系之前，波士顿女士就已经在表明她的结盟之心了。书最开始的几段透露了她对于小男孩对周围世界的反应抱有的同情和理解，尤其是在火车上，当周围的一切把托利团团围住的那一刻。每个细微之处的描写都服务于这个目的，从毛衣针的咔嗒声、火车停的时候比走的时候多，到男孩对雨滴、洪水和火车噪声的精准观察，莫不如此。

然后有两个女人注意到了托利，她们与托利的对话促使他开始思考自己的处境。此时波士顿女士毫不含糊地表明了自己站在哪边：托利被女校长——"善良的"斯帕德小姐——欺负得很惨，然而她却总叫他"小乖乖"。

当托利终于见到曾祖母的时候，他暗自怀疑她会不会是一个女巫，而自己应不应该害怕她（见陌生的亲戚是一件很可怕的事情），波士顿－奥尔德诺夫人（这样称呼是因为波士顿女士的"第二自我"必定就是奥尔德诺夫人）则公开宣布她与托利是同盟："是不是同辈人有什么关系？我很高兴你能来。我觉得这样很不错。我错过了多少你成长的时光啊！"这就算不是爱的宣言，也绝对算得上一份友谊宣言。紧接着下一页，这一宣言再次升级，从大人与孩子之间的结盟进一步转变为共谋：

突然火堆发出"嘭"的一声！一块木头被炸了出来，掉在屋里。"嘭！"又是一声。

"扣子！谁说了扣子？可怜的诺亚太太。"托利追着四溅的火花，想用脚把它们踩灭。

"你为什么住在城堡里？"他环顾四周，说道。

"为什么不行？城堡就是用来住的。"

"我以为那只在童话故事里有。是一座真正的城堡吗？"

"当然。"

"我是说，里面真的会发生什么事情吗，就像书里那些城堡一样？"

"哦，是的，里面会发生很多事。"

"什么样的事？"

"等着瞧吧！我也在等，看你来了会发生什么。肯定会发生什么的。"

这是一个提议，往小了说至少是一个游戏，往大了说则是更为神秘的魔法，这将是托利和奥尔德诺夫人之间的一场冒险。

第二天早上，冒险就开始了：出场人物包括托利很久以前的小孩亲戚（究竟是不是鬼魂还有待我们去发现）、家里的玩具、花园里的动物以及奥尔德诺夫人。因为洪水切断了与外界的联系，因此可以明确断言：从事实上和象征意义上说，这就是一个男孩和老妇人共同居住、结成共谋的私人世界。

但是，共谋不仅仅是一种有意将读者安排到书中特定位置的手段，它更深远的意义还是取决于作者与读者之间建立的关系的性质。

14. 叙事留白

究竟是游戏还是鬼故事？不只是游戏，但也不仅仅是一个鬼故事。每次当我们以为托利终于无可争议地看到了托比、亚历山大和林内特的幽灵时，波士顿女士都矢口否认。

那场大雪之后出现了一个关键场景。一棵树的枝杈看起来像一个洞穴。托利走了进去，似乎看见了三个幽灵，还听到了他们说话；他甚至看见亚历山大在吹笛子。但那个场景的结尾却是："刚刚那是在做梦吗？"当托利从那个雪洞里爬出来时，"在花园里的某个地方，一只画眉正在啼叫，就像亚历山大刚刚吹的曲调"，只留下我们面面相觑。

后来，奥尔德诺夫人把托利一个人留在家里，博吉斯也走了。我们都坚定地认为鬼魂一定会出现，托利和读者肯定会遇到他们。然而却没有。尽管屋子里空无一人，夜色透了进来，舞台已经建成，只待上演最后一幕激动人心的鬼魂戏码，我们的期待已经达到最高点（以前多少作者就是这样铺垫的）。然而波士顿女士可不会让我们称心如意："出于某种原因（托利）确信，除非曾祖母回来，否则家里就连一颗弹珠都不会动弹一下。"她采用了一种类似狄更斯在《雾都孤儿》中的手法：吊足读者的胃口，然后故意让希望破灭。我们不得不想弄清楚这是为什么。

这就是本书善意的"只说一半"，这就是一处典型的叙事留白。如果想要推敲这本书真正的意义，读者就必须填补这块留白。故事中发生的一切只能在奥尔德诺夫人和托利之间上演。当他们分开的时候什么都不会发生。当他们在一起的时候，生活就会遵循一种模式：白天，托利自由地探索和玩耍，有时是一个人，有时是和奥尔德诺夫人一起，有时又是和博吉斯一起。但是，无论书中的暗示是多么不起眼，这种生活永远都是由曾祖母发起的。她，就像一个超然的游戏主导者，为托利提供各种体验的机会，丰富着他的世界。他被引导着，仔细地观察，清晰地聆听，灵敏地触碰，富有想象力地思考。书中随处可见的例子表明，托利在碰到各种物品时，会通过感知它们和它们玩耍，肆意想象那些是有生命的东西。

这些小片段，是经由纯粹的感官在进行描述。

顺着烟囱飘落下来的雪花在火里发出了它能发出的唯一声响——那声音就像仙女划着火柴；但有时候一阵风吹过，你能听到雪花的声音，就像有一只戴着手套的手在敲打窗户。

有时这种手法会延伸到大段描述中，将托利对一个房间、花园的一部分或者一个玩具盒的探索都事无巨细地、富有想象力地记录下来。托利冒着风雪走到雪洞跟前的场景就属于这样的情况。

在这些对日常活动的描述中，还穿插着奥尔德诺夫人给托利讲的四个睡前故事。这一技巧非常符合自然主义的情节：托利和曾祖母一起度假；房子和花园为他每天的冒险提供了场地；

睡觉前，他则会听虚构的冒险故事。但这四个故事并不是随便讲的，它们是关于三个很久以前的孩子和他们的马"费斯特"的故事，每个角色一个故事。一些批评家——比如约翰·罗·汤森（John Rowe Townsend）在《故事感》（*A Sense of Story*）中——认为这种结构是唐突的。但我却认为，这样的安排不仅能够为这本书确立一种舒服的节奏（完全符合度假中的男孩这一身份设定），而且事实上也让这本书的真正意义变得合理。

我们被引导着目睹这样的情节：托利和奥尔德诺夫人在想象中创造了托比、亚历山大和林内特。托利或许真的看见过他们的鬼魂，或许没有，但他很喜欢这个游戏。不可否认的事实是，这三个生活在很久以前的孩子只存在于奥尔德诺夫人讲的故事里。在那里，他们真实地存在着，并不是托利和曾祖母豢养的幽灵；就像托利和奥尔德诺夫人，也只有在波士顿女士的故事里，他们才作为角色真实地存在着。波士顿女士告诉我们，故事，就是我们赋予自己和周围事物生命的一种途径。故事，事实上创造了意义。

令人感觉奇怪的是，在那次儿童图书委员会的演讲中，在声称自己为大人和儿童写作并无区别的同时，波士顿女士又说：

我总是依照现实的样子去探索文学的边界，从内部探索想象究竟能把现实扩展到什么程度。毕竟，现实是没有边界的。我从不会以幻想作为开始，然后找个钉子把幻想高高挂起。除了写一本令我满意的书，我还有意尝试做些其他事，想提醒大人那些被认为已经过时的快乐，想鼓励孩子们使用并且信任自己的五感——他们的耳朵、眼睛和鼻子，他们的手指和脚掌，他们的皮肤和呼吸，他们的肌肉所感知的快乐、节奏和心跳，他们出自本性的爱、怜悯和对未知的敬畏。这些，而不是电视节目，才应该是思想的主要素材。正是在直接的感官刺激中，想象力诞生了。

没有哪位作者曾如此明确地表达自己的目标，也没有哪位作者像《格林挪威的小孩》的波士顿女士那样，确定无误地实现了自己的最高目标。通过托利，经由波士顿女士"第二自我"的引导，她的隐含读者得以感受到直接的感官刺激，迸发出足以将生命无限拓展的想象力。以任何标准衡量，这都是一项杰出的成就。它的简约只会更凸显其伟大。

15. 露西 · 波士顿的隐含读者

波士顿女士并没有对儿童读者的阅读能力提出不合理的要求。她的写作风格平易近人，并不复杂，叙述具体而不抽象。《格林挪威的小孩》的第一册篇幅不长，情节比较松散，每天推进一些，穿插"故事中的故事"，这些都使得这本书读起来并不费力。波士顿女士与年轻读者的结盟十分具有说服力。托利和奥尔德诺夫人的生活现在看来几乎是一种过时的中产阶级生活方式（波士顿女士倾向于这种方式），虽然是显性的，但却并不显得过于唐突，不会成为一处败笔。（奥尔德诺夫人和托利之间达成共谋的那种礼节性的正式感，放在当下会觉得很有意思。即便是在玩游戏的时候，托利也必须始终表现得无可挑剔；

在整本书中，他只做过一件出格的事：在博吉斯房间新粉刷的墙上写字。当然，这种淘气行为并不会受到指责，毕竟这是在仆人的房间里，而不是在主屋。就连博吉斯，这位老仆人，也想要维护仁慈的等级社会传统，甚至容忍女儿的轻率行为，因为这样一来他的职位就能后继有人了。这本书在深层次上是保守而传统的；这种政治态度会让孩子们更愿意听这个故事，因为大多数孩子就喜欢事情保持原样。）

波士顿女士对读者的全部要求就是：愿意进入感官发现的精神世界。鉴于此，她非常巧妙地运用技巧实现了自己的既定目标。我毫不怀疑，她的首要对话目标就是儿童。

第四章

儿童故事的演变

The Child's Changing Story

1982 年 9 月 6 日至 10 日，国际儿童读物联盟（International Board on Books for Young People）第十八届大会在剑桥大学丘吉尔学院召开。此次大会的主题是"不断变化的儿童世界中的故事"（Story in the Child's Changing World）。主旨演讲嘉宾之一——布鲁诺·贝特尔海姆（Bruno Bettelheim）因病无法亲临剑桥演讲，因此才由我代替他发言。以下文字转载自《信号》杂志第 40 期，1983 年 1 月。

*

在世界上的每一种语言、每一个角落里，**故事（Story）**都是人类全部思想和交流的基本语法。

故事为我们讲述"发生何事"，"关于何人"，以及"出于何故"。通过故事我们发现自己和世界，通过故事我们改变、创造自己和世界。

毫无疑问，我们所生活的这个世界——这个由人类所创造的世界——是在不断演变的，正如人类对身处的这个茫茫宇宙的理解也在时刻更迭一样。

倘若这是事实，倘若**故事**真与我们所生活的世界息息相关，倘若故事真能反映、捕捉和发现意义，甚至能创造意义，那么**故事**也必定在不断演变——或者说它应该、理应不断演变——这样才能与现在和未来的世界保持步调一致。

此时我们有必要提醒自己：**故事**不仅涉及"何人"（who）、"何事"（what）、"何故"（why），即不仅涉及人物、行为和动机——这些都关乎**内容**（Content），**故事**还涉及"如何讲述"（how）——这关乎**形式**（Form）。正如我们中间最优秀的文学批评家时常说的：故事的讲述形式所能体现的作者对世界的看法，和故事内容所能告诉我们的同样多。

曾几何时，人们由衷地相信这个世界正按照牢不可破的线性法则和循序渐进的轨道运行着。一个确定无疑的原因，会导致一个显而易见的结果。于是人们同样用这种方式创作故事。回想一下简·奥斯汀的那些杰作，或者陀思妥耶夫斯基（Dostoevsky）的《罪与罚》（*Crime and Punishment*），这类作品中的情节完全可以说是由一件又一件的不幸串联而成的。

毫无疑问，现在仍有很多作家在用这种方式讲述故事。事实上大多数作家都是如此——无论他们是不是在为儿童写作。然而，越来越多的人察觉到了这类故事的幼稚和虚幻——它们与大家所发现的真实世界有出入。或许，很多本来有可能阅读文学作品的人不愿意读书正是出于这种想法。

那么，**故事**究竟是如何演变的？这些变化对儿童有何影响？通过一个非常简单的游戏，我们或许就能找到答案。首先，写下你认为 20 世纪发生的最大变化：那些对我们的生活影响最为深远，并有可能在未来很多年内继续影响我们的变化。

我已经把我的答案写下来了，各位想必不会惊讶，并且应该很期待听听我的这些发现吧！我想到了很多变化，这次的时间应该足够我介绍其中最重要的五个。

I

排在我的列表第一位的是"广义相对论"（The General Theory of Relativity）。我尊重各位的才智，无意假装自己能完全理解或充分解释这一非凡的思想体系。但是我们很难否定《世界百科全书》（*The World Book Encyclopedia*）对这一理论的概括性总结。这本优秀的知识大全是这样告诉孩子们的：相对论"改写了关于空间和时间的全套哲学及物理学概念"。

各位或许还记得，一位老太太恳请爱因斯坦（Einstein）简单阐述这一理论。据说这位伟人回答说："女士，您在可爱的男伴身边坐上两个小时，会觉得只过了两秒钟。您挨着火炉坐上两秒钟，却会觉得已经过了两个小时。"

相对论改变了我们对时间、空间、原因以及结果的看法。关于**故事**的旧定义，即"何人何故发生何事"也不得不相应调整，在这个公式中增添更多因数，包括"何处""何时""何人目睹"，相对论要求我们从多个角度看待一切。

当然，故事总是发生在某个地点、某个时间，且必须由某人讲述。过去大家总认为这些元素的重要性次于人物、行为和动机，而现在我们意识到：人物、行为和动机与它们所处的时间、地点，以及事件发生的时间、地点密切相关。我们还知道，在那些局部直接情境（你也可以称之为"故事本身"）之外，还存在无数影响因子，或许也对推动故事发展起到了一定的作用。换句话说，任何故事都没有有限的开端或者有限的结局。任何故事都不是一个封闭的系统，也不可能只有一位创作者——一位作者。

故事的创作者从来都不止一位。这不仅是因为每个作者都会受到各种外部关系的牵连，还因为任何体裁的任何故事，究其本质都是由不止一个讲述者来讲述的。

首先，作者本身的生活就存在复杂性，这种复杂性远非任何单一故事的内容所能承载。

其次，在创作故事时，故事的讲述者会从所有可供选择的内容中挑出自己想要讲出来的部分，然后决定如何将这些部分串联起来（如何讲述）。由此构建出来的不仅是某个具体的故事，也是故事讲述者本人的人格面貌。我们要感谢来自各种流派的批评家，他们是现象学家、结构主义者以及叙事学家，是他们向我们展示了故事创作的多面性。

最后我们来谈谈故事的接收方：读者。读者必须"接住故事"，必须在内心重组这个故事。任何读者都不是在被动阅读。任何读者都会在不经意间重塑故事，把它变成自己的专属。根据日常经验不难理解这个事实。例如我们都知道，当一群人讨论某个故事时，每个人强调的内容、留意到的细节都存在这样或那样的差异，并因此导致每个人对故事的理解也存在微妙差异。每一拨读者都会在故事的原型之上为其披上一层又一层外衣。同样的事情也发生在我们的内心世界。我们对故事的理解随时随地都在变化。甚至在我们谈论和推敲故事的时候，在我们每一次重温故事的时候，故事的意义都在变化。

至少，每个故事都有这样三位讲述者参与其中。要明确这一点，我们无论是作为作者还是作为读者，都不该逃避这个事实。这个认知本身已经成为**故事**的一部分了。

同样，每个故事里也包含无数对"时间—事件"关系。简而言之，我们阅读那些通过文字娓娓道来的故事，是需要花费时间的。故事本身也存在一个"次生世界"，同样存在时间跨度——可能像《不停缩小的特里霍恩》那样发生在几个小时之内，也可能像《鲁滨孙漂流记》（*Robinson Crusoe*）那样跨越很多很多年。此外，每个故事都会在我们的记忆中留存（以及变化）一段时间。比如，我对《伊索寓言》就始终保持着鲜活的记忆，至今已有 40 多年。

相对于故事里的时间跨度，其他方面的时间跨度更耐人寻味。正如相对论向我们揭示的那样，千万不要把时间视为常量——当然，这不包括钟表的时间，我们公认用它来规范日常的生活——现在，我们利用文学意象理解时间、利用时间，T. S. 艾略特（T. S. Eliot）就用他最伟大的诗歌之一《四个四重奏》（*Four Quartets*）呼应了相对论。其中在那篇《焚毁的诺顿》（Burnt Norton）中，艾略特写下了我们耳熟能详的诗句：

现在的时间和过去的时间
也许都存在于未来的时间
而未来的时间又包容于过去的时间。

接下来，诗人用一句话作为《东库克》（East Coker）一诗的开头："我的起点中有我的终点。"

有一部小说正是采用了这样的手法，并且颇受青少年读者的喜爱。遗憾的是，在我的国家这本书尚未引起关注。但我知道在它的家乡美国（我想还有法国），这本书很受认可。在这本名为《地下 121 天》（*Slake's Limbo*）的书中，费利斯·霍尔曼（Felice Holman）讲述了 13 岁男孩史雷克为躲避街头恶霸的围追堵截，一头扎进纽约地下铁路并在那里生活下去的故事。小说按时间顺序推进，只在开头部分以倒叙形式讲述了史雷克目前的处境。与此同时，威利斯·乔的故事与史雷克独自生活的这 121 天相互交织。威利斯是一名地铁司机，当两条故事线终于交会，他成了史雷克的救命恩人。威利斯的故事贯穿了他的一生：往回追溯他过去的经历，向后展望他所期盼的未来。

于是，我们就能把史雷克这 121 天的时间跨度，和威利斯这一辈子的时间跨度做个对比：威利斯驾驶地铁穿行在铁轨上，就像他的人生穿梭于时间的长河之中；史雷克却无处可去，他只能生活在当下。一位叙述者目睹了这两个角色的经历并讲给我们听，并对两人抱有不同的态度：相对于本书的头号男主角，叙述者站的位置显然更靠近威利斯，但又深深着迷于史雷克如同"当代鲁滨孙"一般的存在细节。

时间与空间，在这本书中不停转换，既为故事平添了更深层次的意义，又增加了故事的思想深度。倘若作者沿用以前的写作套路，必定不会取得如此撼动心灵又如此契合的效果。

对于**故事**而言，相对论究竟引入了哪些新元素？我想至少包含了以下几个：多位叙述者；不同叙事视角并存；时间的多层次呈现；在故事里为读者提供一处落脚点，供读者代入并参与故事发展；一个可供自由进出的开放式故事系统。

II

在我的"重大变化列表"上，排在第二位的是"太空"（Space）一词，意指我们这个星球所置身的空间——宇宙。火箭从地面腾空而起，直奔太空而去，人类踏足月球，各种无与伦比、伟大的载人和无人飞行器远征星辰大海：爱因斯坦的理论让这一切变为可能，也改变了我们对自己是谁、我们生活在什么地方以及对现在和未来的看法。

我个人所见过的给我触动最大、印象最深刻和最具革命意义的图像，就是人类在太空中拍摄的第一张地球运行轨道的照片。一看到它，我的脑海中就猛然浮现出另一个画面，一个曾让我产生过完全相同反应的画面。

3岁的时候，母亲带我去80多岁的曾祖母家。我想我以前从未见过她，而当时她刚刚去世。我记得自己站在那里，只能看见周围叔叔阿姨、爷爷奶奶的腿。从我不太高的位置望过去，正好能看见一口巨大木箱的下半部分。在我眼中那就像一个用木杆支撑着的形状奇怪的橱柜。然后，一位阿姨把我高高抱起，好让我能够俯视箱子里躺着的去世老人的脸。她的头枕在一个泛着白光的蕾丝花边枕头上，身体被一件粉红镶边的白色长袍盖得严严实实。那张蜡黄而紧绷的脸，还有那双闭合而凹陷的眼睛，似乎就是她留给我的全部印象。

彼时彼刻，关于年龄和死亡的场景令我震撼，改变了年幼的我看待生命的态度。我当时无法说出那种变化意味着什么，只知道变化确实发生了。现在，45年过去了，我想我已逐渐明了。重大变化的发生就是这样，或许要等到多年以后才能领悟其中的意义。作家的作品能帮助我们吸收和理解这些变化；事实上，当我们谈论所谓的"艺术家责任"时，指的就是这层意思。

我想，为地球悬浮于宇宙中间的场景感动不已的人不止我一个。人类奔赴宇宙，导致我们看事物的视角发生了变化，促使我们重新评估我们是谁，我们又能成为什么。最重要的是，它让人类对"结局"的意义有了全新的理解。

每个作家都知道，在讲述故事时**方向**（direction）很重要：你要知道故事的走向。方向本身并不一定取决于精准掌握结局的详细信息，而在于理解结局的意义。然而每个故事都有两个结局。一个是公认的结局，也就是一个故事的结尾。比如迈克斯在梦中遇到形形色色的野兽，一觉醒来却发现自己的晚餐还摆在桌上冒着热气；再比如夏洛在救了威尔伯后死去，留下她刚出生的孩子继续织网——然而对威尔伯来说，这些小蜘蛛永远不可能代替夏洛：一个真正的朋友和一位伟大的作家。

第二个结局是未得到公认的结局。这个结局（或者说结局的方向）源自故事本身的特殊性，糅合了作者自己对生活和对周围社会的看法。因此在《野兽国》这个故事里，未得到公认的结局应该是以这样的信念作为指引的：如果珍重和关注内心深处的那个童话世界（你也可以理解为我们的白日梦和夜晚的梦），就能与自己的内心世界彼此间建立一种健康（且快乐）的关系。桑达克的所有作品都是以这一终极意义为统领，从而构想出的一种田园诗般的、充满治愈力量的、完整的存在状态。

任何人在创作故事时，都无法忽略人类的疆域已从地球扩展到太空这一事实。离开我们所生活的有限、拥挤、微不足道的世界，进入一个每天都逐渐清晰，比想象中更辽阔、更惊艳、更迷人的宇宙。我们发现，原来人类只不过是生活在无垠海岸上的一粒微小尘埃里；我们发现，人类并非什么造物主，也不是所有生命的中心；我们发现，这粒小小的尘埃正变得拥挤不堪。根据自然规律，我们中的一部分人必然会离它而去，就像所有长大成人、拥有健壮体魄的孩子，都热衷于离家远行。当然，我们也可以闩上门、锁上窗，自我封锁。你从那些建议采取后一种方式的故事（这种故事很多）和那些建议敞开大门、鼓励迈出花园好好探索一番的故事中，所能体会到的结局的意义截然不同。

结局有两种。空间也有两种：外层空间——人类所栖息的外部宇宙；内心空间——人格所附着的内部宇宙，包含着我们意识和无意识的存在。正如我们向属于外层空间的宇宙迈出第一步那样，人类也已经向着内心空间展开了意识层面的探索。相对论同时适用于两者：弗洛伊德（Freud）和荣格（Carl Jung）修正了人类对内心空间的理解和认知，就像爱因斯坦和天体物理学家对外部空间的理论研究一样令人大吃一惊。有趣的是，朝两个方向探索的人不约而同地传回了类似的报告：两种空间的相似度看起来极高。

桑达克的探索利用了符合现代观念的**故事**，一举闯入人们的内心空间。我们现在意识到，古老的民间童话也是如此——尽管至今仍有人试图将它们笼统地归为社会现实主义——是关于正义、希望和宽容的陈词滥调。缺席本届大会的嘉宾布鲁诺·贝特尔海姆对此无疑有话想说。

而 E. B. 怀特（E. B. White）的书《夏洛的网》（*Charlotte's Web*）则以外部世界为主题，故事结局的意义也符合犹太 – 基督教的标准。故事一路延续到最后，那个可能的（再次笼统地称之为）"欢喜的"结局，是通过个人的牺牲实现的，沿着一条相继发生的时间脉络一代又一代传下去，就像参加接力赛的选手。打个比方说，善良和邪恶比赛跑步，每个选手都会将手中或代表善良或代表邪恶的生命之棒交给后面的选手。在这类故事中，死亡是所有生命与另一个层面、另一个存在领域的联结，除非与个人经历相关，否则便无须讨论。这种方式就相当于关上门，画下句点，含蓄地表明诞生的新人和牺牲的旧人必定具备旗鼓相当的品格。无论从哪个角度讲，这种故事和故事的讲述者都选择了"稳妥为宜"。

简而言之：人类首度进入太空是一个叙事学事件。这件事令我们更正了对内心宇宙和外部太空的性质与范围的认知，由此凝聚成了一个充满戏剧化的意象，同时修正了结局的意义。至于相对论，以及其他一些我们稍后会谈到的变化，则是让人类在面对已知的无穷无尽的复杂问题时，至少掌握了一些应对之策。**故事**，如果要继续作为思想的基本语法，继续作为我们所有人（无论是不是科学家，是否聪慧，是富有还是贫穷，是孩子还是大人）自省的工具，那么故事以及讲故事的人，就必须有意识地充分考虑这个问题。

这意味着**故事**必须不断演变。海登·怀特（Hayden White）在最近一期《批判探索》（*Critical Inquiry*）中概括了这种变化的核心。他在文中提出这样一个问题："这个世界是否真是以精心构建的故事形式加以呈现，并为人们所感知的，包含中心主题，恰当的开头、过程和结尾，以及一种连贯性，让我们每每读到开头就能看到'结局'？"对于这个问题，我认为自己不得不给出以下回答："不，现在不再是这样的了。"一些作家也给出了同样的答案，并努力证实连贯性的明显缺失。我的工作是必须指出：关键在于不能为了不连贯而不连贯，而是要努力探索新的连贯模式和能够代表这些新模式的写作方法。尤其是写给孩子看的作品。实际上，这牵扯到我们这个时代的叙事问题。如果我们忽视它，怀抱旧模式不撒手，或者在对不连贯的追求中作茧自缚，那么**故事**一定会令我们失望，文学也会就此变成一份长长的遗书。

当然，只要还有人关心人类的存亡，这种事就不会发生。**故事**确实在不断演变，新类型接连登场，这在儿童作品中也有所体现。

举几个小例子。在《莎莉，离水远一点》（*Come Away From the Water, Shirley*）中，约翰·伯宁罕（John Burningham）希望通过故事呈现人们内心世界和外部空间的相互作用。即便是年龄很小的孩子，也能看懂这部作品，因为那就是他们的日常经历。而桑达克则一如既往地力求"一次性搞定全部"。《在那遥远的地方》（*Outside Over There*）——我的妻子南希略带戏谑地坚持称这本书为"《在这之下》（*Inside Under Here*）"——借由外部空间的画面讲述内心世界的故事，并在其中引入了叙事的相对性。比如，画面中的艾达正抱着冰做成的娃娃，嘴里呢喃着"我多么爱你"，请注意看她身后那扇落地窗里的画面；接下来，艾达把那坨冰块扔到地上，气愤地穿上了妈妈的黄色雨披。思考一下，如果结合时间、空间和叙事目的，这些组合在一起的画面想表达什么意思？思考一下艾达抱着妹妹回到家，莫扎特在溪边凉亭里的时空和叙事的复杂性。最奇怪的是，想想那条阿尔萨斯狗，特别是最后一幅跨页图。可以想象，一些批评家会对我们解释说那条狗其实体现了这本书的诠释学问题。这样的例子还有很多很多。《在那遥远的地方》就是作者试图解决**故事**在这个时代所面临问题的一个面向极其丰富的实例。

由安东尼·布朗改编的《汉赛尔与格莱特》（*Hansel and Gretel*），为我们展示了如何通过现代认知来解读古老的童话，结合新的自觉性叙事技巧，老传统也能继续保持生机，因为这依然是对内心空间的深入探索。看看安东尼是如何将那些外在的具体物品——树木、一只猫、三角形状（如半拉的窗帘、阴影、墙上的挂画等）——安排在一起，从而让它们产生指向内心空间现实意义的吧：情绪、神经错乱与抽象的概念。再看他在每一幅跨页画面上是如何运用图片和文字的。页面上的小图片，如果你愿意可以称之为"特写"，其中的细节并非截取自对页上的大幅插图，也非文字中提到的场景，却能增加意义的厚度，为整体平添一种时空转移的感觉。

以上提到的都是绘本。之所以在此引用绘本为例，是因为我认为大家很有可能都读过。绘本比小说更容易跨越语言的障碍。如果我时间充裕，完全可以继续引用艾伦·加纳的《赤道迁移》（*Red Shift*）、罗伯特·科米尔（Robert Cormier）的《我是乳酪》（*I Am the Cheese*）来说明问题，展示相对论和人类进入太空对文学叙事的影响。

III

安东尼·布朗是一个承上启下的话题,引出了我"重大变化列表"中的第三个词。《汉赛尔与格莱特》和安东尼·布朗的早期作品《公园漫步》一样,部分内容涉及了**性别**的差异。而"性别"(Gender)正是我的第三个词。

我曾经找来大约 100 名生活在市中心的 14 岁孩子,请他们按优先顺序写下自己最喜欢读的故事主题。其中两类主题的受欢迎程度遥遥领先:第一个是性,第二个是暴力。他们的选择也得到最具权威性的支持。在犹太 – 基督教《圣经·旧约》中的《创世纪》第一卷第四章,上帝创造了世界,随后又创造了亚当和夏娃。接下来的第一个故事——第一个关于人类的故事,就是亚当认识夏娃的过程;第二个则是他们的儿子该隐杀死他们的另一个儿子亚伯。我真希望能有一篇学术论文证实,从统计数字来看,世界上绝大多数故事都是关于男女关系的,而这些绝大多数故事中的绝大多数,又是关于男女在我们称之为"爱"的经历中以暴力彼此相向的故事。

确实,**故事**和**性**并不是什么新鲜事。但我仍然会在我的"重大变化列表"中尽量避免使用"性"这个词。20 世纪,对男子气概和女性气质的理解已不同以往——至少在西方社会是这样的。我们现在认为,每一种性别都结合了两种性别的特征。这种认知上的改变目前看来意义非同小可。我们的未来取决于能否正确处理这种改变。至于何谓"正确处理",人们的态度也变了。由于我们修正了故事结局的意义,因此急切盼望看到人性的这两个基本元素（即男和女）一劳永逸地、富有成效地"相互结合"（只能使用这个词），这已成为现代社会最重要的诉求之一。

我并非建议我们的目标是实现性别模糊化。恰恰相反，相对论在这里的适用性不亚于在其他任何地方。我所指的是完整性（wholeness）——性格的完整性，社会的完整性。讲述内心空间的故事，首先涉及对性格中所蕴含的性别特征的探索，是对"阿尼玛"（男性心中的女性意象）和"阿尼姆斯"（女性心中的男性意象）的处理。几个世纪以来，这一向是民间童话故事的焦点。《美女与野兽》（*Beauty and the Beast*），既可以说是一个武断的、关于外在现实的故事，也可以说是一个深刻的、关于个人成长的故事，将一个过于强势和粗鲁的阿尼姆斯，与故事里略带神经质、顺从的阿尼玛完美结合，由此诞生出一个平衡的存在。这个存在与男性特质和女性特质的关系是等同的。

内心世界的故事一定会有外部空间的故事与之呼应。后者探索的是社会、政治、道德、法律、经济和其他领域的必要改变，并且必须伴随个体性别特质的调和。千万不要以为我只是在谈论女性解放的话题。对于这个论题，将各种现实结合起来讨论是对的；而将单一性别，或者说"阿尼玛"这一方的故事孤立出来吸引注意力就是错的。因此我才认为多丽丝·莱辛（Doris Lessing）是最令人钦佩的作家之一。在她的作品中，"如何讲述"总是能和我们所谈论的那些重大变化保持同步。尤其是在《金色笔记》（*The Golden Notebook*）中，她探索了由于性别的不和谐而在人物内心和外部世界引发的现实矛盾，而这个故事结局的意义就在于对完整性的设想。

这种变化的影响已经反映在了儿童读物中。这并非是因为一部分人出于宣传需要，鼓吹女性不必整日围着厨房转，男性也可以持家有道。让我说一个不太起眼的例子。其实就是"儿童读物"这个词本身。曾几何时，区分给男孩看的书和给女孩看的书很容易，事实上这是很常见的。《金银岛》（*Treasure Island*）、《汤姆·索亚历险记》（*Tom Sawyer*）、《珊瑚岛》（*Coral Island*）都是公认写给男孩看的书。这不仅仅是因为其中以男性角色居多，更是因为充满男子气概的性别特征在故事里占据主导。我们现在或许可以这样说，它们都是描写阳刚之气的书。而《小妇人》（*Little Women*）、《芭蕾舞鞋》（*Ballet Shoes*）、《绿山墙的安妮》（*Anne of Green Gables*）则都是写给女孩看的书，书中的女性特质的的确确占据主导地位。

然而在当下创作的作品中，这种情况越来越少了。例如，你会如何为以下这几本书归类？它们是写给男生的书还是写给女生的书？贝茜·拜厄斯（Betsy Byars）的《午夜黑狐》（*The Midnight Fox*），主人公是男生。她的《弹珠球》（*The Pinballs*）则主要讲述了女孩卡莉的故事，有人觉得她是一个具有男子气的霸道女孩。你又该如何为吉恩·肯普（Gene Kemp）的《泰克·泰勒的动荡学期》（*The Turbulent Term of Tyke Tiler*）归类？这本书竟可以让读者在大部分时间里认为女主人公就该是个男孩。还有莱纳·琴姆尼克的杰作《蓝帽子的起重机》，在那部作品中，一个年轻人的蓝帽子上插着一根羽毛，他始终端坐在他的吊车顶上，就好像"柱头修士西门"。岁月在他脚下流逝，直至最后垂垂老矣，他才从故事中退场。它是写给男孩还是女孩的？

当然，由过去流传至今的伟大杰作一向能够启发后来者。说到这里我想到了一个例子。它所具有的现代性再次令我们感到惊艳。它就是刘易斯·卡罗尔（Lewis Carroll）的《爱丽丝漫游奇境》（*Alice's Adventures in Wonderland*）。确切地说，我们可以将之称为"性别主题的变异体"。

显而易见，将这些作品中的任何一本归为"男孩的书"或"女孩的书"都极其愚蠢。目前将它们称之为"儿童读物"才是相对稳妥的。但是我们中间已经有人为此不悦，原因我稍后再谈。现在我只希望表明我的观点。从我们看待那些流传已久的婴幼儿童话的态度，到艾伦·加纳的《猫头鹰恩仇录》（*The Owl Service*）等为青少年创作的现代小说，儿童文学在性别自我意识的萌芽初期逐渐发生着变化。随着人类对奔向太空的渴望愈发强烈，解决性别问题的紧迫程度也愈发不容忽视。因为若想在太空生活，人类就必须有能力维持性别的平衡。而性别的平衡又必须先在我们的内心世界和凡俗生活中得到实现。

IV

接下来是我这份列表上的第四个词——"核裂变"（Nuclear fission）。这也是爱因斯坦广义相对论的成果之一。现在的人谈核色变，畏惧于其中潜藏的邪恶。可以肯定的是，无论好坏，核裂变已经不可逆转地改变了人类的生活。首先，和相对论、进军太空一样，核裂变改变了我们对结局意义的认识，令我们不得不面对这样一个事实：我们——我们所有人——掌握着自身的生杀大权。再也不能把一切都交给某个"神"，再也不能对遥远地方发生的事视而不见，再也不能对一小撮暴力分子不屑一顾，不管他们听命于谁，不能再想当然地以为他们充其量只不过是一群可能造成局部破坏的无名小卒。无论是儿童文学作家还是其他什么人，在讲述故事时都不可能彻底忘记这一点。核裂变是一种影响力极大的认知，它属于道德层面，无论作者选择哪种主题，它都会对作者的创作方向产生支配力量。如果想要避而不谈，唯一的办法就是遁世，写一些对旧世界的幻想。在那个世界里，我们大可假装所有令人触目惊心的潜在结局根本不存在。

核裂变作为一种意象，也影响着我们对**形式**和**内容**的看法。比如说，核裂变的发生模式不是线性的，而是环形的。也就是说，核裂变同时向多个方向推进，并随着这种推进变得越来越复杂。同时，核能量是通过我们所知的"原子核分裂"而释放出来的。一个表面完整无缺的小粒子（我们可以这样理解）被击破了，结果就会——假使存在适合的可裂变物质——产生巨大的能量。这种过程可以通过（我们所知的）"链式反应"不断扩展。

这一意象同样可以延伸到故事的形式上：人物和行为的微小细节，本身似乎看起来是已完结的、完整的，却出乎意料地分裂开去。如果这些细节可以裂变，就会在我们的想象与思维层面引发链式反应。于是这些细节俨然成了一座核反应堆，产生了巨大的能量，为我们的内在生命提供动力。最能体现这种核裂变的当代佳作无疑是马塞尔·普鲁斯特（Marcel Proust）的《追忆似水年华》（*Remembrance of Things Past*）。

而旧式小说中的超越时代之作则是威廉·莎士比亚（William Shakespeare）的作品，事实上，他的作品从各个方面证明了我刚刚所说的一切。我对莎士比亚的感觉和彼得·布鲁克（Peter Brook）一样。"莎士比亚，"几年前布鲁克曾这样说，"是戏剧的典范，其中包含了布莱希特和贝克特，但又超越了两者。在后布莱希特戏剧时代，我们需要的是找到一条向前的路，带我们回到莎士比亚时代。"我们完全可以用"文学"这个词来代替布鲁克使用的"戏剧"一词。

所有这些似乎都过于复杂——对儿童读物来说过于复杂了。但正如我去年在伍德菲尔德的讲座《劈开内心冰封大海的斧头》中试图表明的观点：**故事**的光辉，故事的神奇，就在于即便是最简单的故事也能迸发出令人难以置信的核能量。我之前已经提到过这样几本书：琴姆尼克的《蓝帽子的起重机》，布朗的《公园漫步》，桑达克的作品，等等。我希望各位还能想到更多。接下来让我们更加深入地研究其中一个例子。

在《石书传奇》中，艾伦·加纳描写了某年、某天、某处、某户人家里的某个孩子。在这段大约包含 7500 个词、经过作者细心揣摩的、极为"完整"的描述中，这个名叫玛丽的女孩爬上了某个教堂的尖塔（它至今仍然矗立在柴郡阿尔德利角），给她的石匠父亲送饭。她的爸爸要给尖塔安装一个金色风标。后来，爸爸带着玛丽走进一条古老的地下通道。小女孩独自一人挤进一个如同洞穴般的房间。在那里，她发现了一块刻有印记的石头，似乎在传递着某种神秘的信息。再后来，爸爸送给了玛丽一本小小的石头书，这是她在故事开头就想要的礼物。

这个故事的叙事并非受到情节或人物的左右，而是像诗歌那样受到意象的左右：爬上塔尖；身处洞穴般的房间；还有石头书本身。《石书传奇》看似是一个完整的故事，其实却和另外三本篇幅、结构都十分类似的书构成了一套完整的作品。这四本书各自独立，却又相互关联。每本书的内容在之后都有延续，同时又可以追溯到上一本的内容，线索被分散在四部曲中重复显现，比如奥尔曼家族、查理叔叔和老威廉的故事。

这四本书毫无疑问可以划归为当代小说，如果想要对它们进行探讨，也必须从各个方面同时展开：家庭、手艺、社会和经济史，语言、石头、金属和木材建筑，以及文字、图片和事件，等等。方方面面不断环绕、扩大、盘旋，却又简单、短小、紧凑、完整。

很明显，时间和空间的相对性，不同视角的相对性，以及多重叙述者的相对性都在其中各司其职。一切都不是偶然的，而是出于精心的设计。这些相对性并不是四部曲的附属品，而是其内容与形式不可分割的一部分。

那么，这套四部曲的结局的意义又是什么？让我们回顾一下第四本《汤姆·福布尔的节日》（*Tom Fobble's Day*）中的最后一刻。此时，年轻的威廉作为家族的最后一人，乘着雪橇滑下山坡。正是在这个山坡之下，他的曾祖母，第一本书里的玛丽，曾经钻进一个犹如洞穴的房间，发现了潜藏其中的秘密。威廉身上藏着家族有史以来最好的那些基因：语言、技能、能与他人以及所生活的土地保持良好的关系等。他周身裹得严严实实，是为了抵御冬雪，也是为了抵御周遭战争带来的贫瘠与萧瑟。因为那是 1941 年。在威廉驾着雪橇穿过黑夜的同时，轰炸机在他的头顶呼啸盘旋。他就像一只茧，包裹着一层坚硬的外壳，等待蜕变的那一刻。此时整个世界，或是躺伏在冬日死亡的阴影之下苟延残喘，或是在严寒中忙于自我毁灭。

被雪覆盖的那片土地上，曾经遍布金色的麦田，石匠曾在那里精心雕琢石料，铁匠曾在那里将金属打磨成复杂精细的部件，安装在钟表上用于报时，或者安装在风标凸起部分用于指示风向。威廉第一次滑雪使用的雪橇，是用一辆旧婴儿车的零件改造的。而那辆婴儿车曾载过他的曾祖母玛丽的孩子。第一本书里的玛丽，曾爬上教堂的尖顶，坐在风标上，在半空中不停地旋转，一点儿也不害怕。在故事的另一端，她的曾孙在雪橇上俯拥着大地，等待着。《石书传奇》四部曲的结尾已写在了故事的开端；故事的开端却早已指明了向上、向外的方向。那是呼应《艾默之门》（*The Aimer Gate*）里守钟人所说的话："向着太阳出逃吧！"

《石书传奇》创造出了一个相对独立的世界，但同时也承认这个世界实际上比书中展示给我们的更为辽阔。同样重要的是，这个世界其实是与我们的世界——读者的世界息息相关，与我们希望借助语言理解的世界息息相关的。语言——当该说的都已说尽，该做的都已完成，这套四部曲的核心主题，依然是语言。

到目前为止我们讨论了哪些内容？我们提到，20世纪的重大变化催生出三个宏大的主题，对当代任何文学作品而言都有着无法回避的启示：

第一，关于"在外面"的故事。关于我们个人和集体正在经历的斗争，目的是让人类自身摆脱来自地球的、狭隘的、通常是自我强加的束缚，为人类挺进太空做好准备。这场斗争，如果你愿意这样认为，是为了将人类历来所受的束缚与困扰彻底看透，彻底改观。

第二，关于"在里面"的故事。随着我们对内心世界的认识越来越清晰，并不断对其展开探索，这种精神上的斗争，构成并塑造了我们的外在生活。

第三，对**性别**的内心空间和外部空间展开探索的**故事**。

V

但是，有些人会说，这些主题在历代文学中时常出现，有何新奇之处？新奇之处在于两个方面。首先，形式的变化，即**故事**中的那个"如何讲述"。这就引出了我的第五个，也是最后一个关键词。这个词是"电视"（Television）。但确切地说，我指的是"微型电子书"。

谁能怀疑电视已经改变了**故事**？我来说几个因为电视而变得司空见惯的操作技巧：暂停；回放；删除；覆盖；分屏；画外音；蒙太奇快速穿插；慢镜头；快进；倒放；音视频分离，好同时处理不同内容；近乎乏味地高度依赖对话。

这些技巧相对容易理解。如今，有了录像机，任何孩子都可以参与创作故事，可以对故事进行真正的重构，只需要利用其他故事的片段或者精心选取的录音素材就能做到。观众可以成为故事的共同创造者。其导致的极端影响留待我们下次探讨，但我想请大家关注一本由海雀图书出版的新书《火焰山的术士》（*The Warlock of Firetop Mountain*）。书封上的简介是这样写的："部分是故事，部分是游戏——在这里**你**就是英雄！"在《白矮星》（*White Dwarf*）等游戏杂志中，我们时常可以看到诸如此类重叙事轻游戏机制的故事类电子游戏的介绍。

这些出版物所代表的潮流大有愈演愈烈之势：作家负责提供故事的基本元素，然后由一人或多人继续构建这个故事。然而在构成故事的所有"叙事基因"中，一条重要的"染色体"被漏掉了。"何故"，即动机被漏掉了。你，作为参与构建游戏内容的玩家，不仅要对角色和行为的选择负责，还要对故事的道德结构负责。这项工作如果是文字作家来做，可是一项大费周章的苦力活。但是不出几年，甚至只需几个月（事实上这种情况很可能已经出现了），所有这些工作都可以被塞进某种形式的电子设备。于是玩家可以任意调用情景类游戏提供的内容，游戏成为各方共同干预的结果，玩法极其巧妙而复杂。这并非意味着我们所熟知的文学书籍行将就木，而只是一种我们在外太空生活的延伸，阅读理论家和研究人员告诉我们，当我们阅读时，我们的大脑已经在运转了。它的影响在于就此改变作者与读者的关系，并进而更为显著地改变叙事的本质。

但现在讨论这一发展为时尚早，还是就现状做一些更加深入的探讨吧。在电视里，一连串事实与虚构（此处这两个词的含义作常规理解即可）源源不断地呈现在观众眼前，从整体性和统一性上均无艺术责任感可言。换句话说，没有人会出于德育的目的来决定当前画面（或节目）后面应该接哪一帧。但众所周知，画面组接无论是否出于本意，都会生成特定的意义。

电视说出了没人想说的话。事实与虚构并排呈现。有时候，影像节目会将事实与虚构掺杂在一起，因为电视节目制作者就是要不加区分地发挥两者的效果。例如在一档讲述某个男孩离家出走的节目中，制作者会故意使用拍摄出来的片段，使之看起来与新闻报道别无二致：记者会采访男孩的父母，会设计出（或者真正安排）一场嘉宾访谈，探讨起因可能是虐待儿童；还有孩子的照片，实际上他们真的遭到过殴打，而不是演员通过化妆看起来像被殴打过一样；等等。

在某种程度上这种做法并不新鲜。讲故事的人总是试图将自己的故事套进时下最喜闻乐见的交流形式里。回想一下理查森（Richardson）的《帕梅拉》（*Pamela*），便是模仿当时那些仆人刚刚学会写字之后互相写信的形式。还有笛福（Defoe）的《鲁滨孙漂流记》，利用的是当时颇为流行的远行游记的形式。

电视和故事的区别在于，传送电视节目的机器本身是一种实际物体，它就像一本书。其中记叙的内容是流动的，包含了所有它所能提供的事实与虚构，通过一串接连不断的可靠图像，这些流动的内容似乎成为一个单一的实体。因此，我们可以这样说，电视呈现给我们的是一个多重叙事的故事，它所包含的风格不断变化，使用的技术层出不穷，包括我所列出的那些，目的是为我们呈现多重主题的内容。这些内容无休止地流动着，并因此永远在我们的生活中占有一席之地，在我们最私密和最公开的那些时刻。

我并不是建议作家也要像电视那样去写作。恰恰相反，我认为作者必须寻找那些电视无法表达的主题，或者电视表达得很拙劣的主题（比如我们的内心世界，电视在这方面其实非常苍白无力）。我想说的是，电视作为目前最具影响力的流行传播工具，以强有力的方式塑造着人们的思维方式。不只是思考的内容，还包括思考的形式。作家在讲述故事时必须明智而审慎地使用电视技术，因为这些技术如今反映了人们思考、想象和看待世界的方式。

当下，电视还给我们带来了另一个重要变化：它打破了儿童与成人之间的界限。英国绝大多数家庭在看电视这件事情上不做任何区分，所有节目都可以全家人一起看。身为作家，必须重视这种状况带来的影响，更不必说出版商、图书馆员和教师了——他们不仅决定着作品的形式与内容，更决定着儿童文学及其读者的未来可能。

透过儿童读物，我们已经可以看到这种影响的存在。雷蒙德·布里格斯（Raymond Briggs）的《方格菌》（*Fungus the Bogeyman*）因采用连环画的形式而引发广泛讨论。事实上，电视对这部作品的影响更大。看看布里格斯是如何将据信应该是事实的内容、信息文本、图片与他虚构的故事相结合的，看看他是如何表达时间和空间关系的，又是如何将文字转化为图片的——时而像在评论，时而像在交谈，时而像是作者亲自介入，时而又像是独立的画外音，每一个都对应着不同的主题。

罗伯特·科米尔的《我是乳酪》和《第一次死亡之后》（*After the First Death*）也巧妙地运用了电视技术。的确，《第一次死亡之后》非常适合改编成一部纪录片式的电视剧。菲莉帕·皮尔斯趣味盎然的小故事《宠物保卫战》（*The Battle of Bubble and Squeak*）则采用了在电视剧里十分常见的处理手法。如果你把这本书与她的早期作品《这么小的狗》（*A Dog So Small*）做个对比就会清楚地发现，后者更倾向于 19 世纪的叙事模式。弗洛伦斯 · 帕里 · 海德（Florence Parry Heide）的《不停缩小的特里霍恩》几乎是一本套着书皮的电视剧。就连爱德华 · 戈里（Edward Gorey）[1] 的照片也被装裱起来——如果我的用词恰当，就好像电视画面那样被"拍摄"出来。

一定会有人认为，我是想说旧时的文学已经死去。绝对不是。我想说的是，如果现在的作家写作时还仿佛置身过去，那才是自取灭亡。至今伦勃朗依然伟大，多么令人惊叹，我们依然可以向他取经。然而像伦勃朗一样作画只能是简单的重复。像莎士比亚、狄更斯和 D. H. 劳伦斯那样写作，也是同样的道理。我珍视并热爱旧时传统，像你们中间的很多人一样，我曾用生命中相当多的时间努力地把它传给年轻一代。然而，旧时传统想要继续保持生机与活力，就只能靠我们不断扩充它，把那些在我们看来是新生事物的东西纳入其中。

我们所有人都被置身于其中的各种社会意象所包围。我们都是斯坦利 · 费什（Stanley Fish）所称的"阐释共同体"（an interpretive community）的成员。这个共同体利用整个集体都能理解的思维方式将我们牢牢捆绑在一起。作家的职责之一，就是不断验证这些意象，在知识和经验不断增长的同时，推动这些意象随之改变。由此可见，作者是人类生存的推手。不仅是为了在新环境中生存，更是为了有尊严、有品位、有自我意识地生存。

---

[1] 译者注：爱德华·戈里，美国作家、艺术家、插画家，他的钢笔画多以维多利亚和爱德华时代为背景，风格沉郁怪诞，深深影响了时尚、电影、戏剧等诸多领域。

人类世界的问题，至少在我看来，并不在于因为个性而带来了太多危险，而在于我们的个性还远远不够；并不在于因为个人自由而带来了太多危险，而在于个人自由还是给予得太少；并不在于人们独立思考而带来了太多危险，掌握解释权、控制个人思想的组织才是危险之源。故事中总是充斥着种种危险，而作者往往寻求直面与挑战。儿童文学作家则是——或者说应当成为——带头者，帮助孩子——这个崭新的群体——打破他们出生年代那个群体的陈旧界限。

第五章

来自英格兰的信

——美国作品与英国读者

Letter from England

American Writing and British Readers

1972 年到 1984 年间，我为美国《号角杂志》（*Horn Book Magazine*）撰写长期专栏，从个人角度简要介绍英国儿童读物。号角图书公司（Horn Book Inc.）刚好也是我的一本书——《给孩子们介绍书》（*Introducing Books to Children*）在美国的发行方。后来随着这本书的再版之事被提上议程，号角图书作为出版方在 1983 年推出了本书的修订版。于是流程又反了过来，这本书首版的出版方——英国的海尼曼教育图书公司（Heinemann Educational Books）在英国发行了由美国号角图书推出的"号角修订版"。为了纪念这一历史渊源，在本书中，我特别编选了此篇专栏文章，作为那 12 年中 50 多篇文章的代表。

*

美国文学作品具有一种特质，令很多英国读者在读的时候，会感觉比本国作品更有亲切感。我一直都想找出这种特质，不仅是因为这个问题引起了我的关注，也因为搞清楚这个问题或许就能明白，就整体而言，英国儿童读美国作品的人数，为什么比美国儿童读英国作品的人数多。

首先，我们来看看下面这段文字：

杰克逊太太从员工入口走出来，在大路上追上了唐纳德。他们随着大批默默涌出的人群向前走着。风，现在变小一些了，但仍是唯一吵闹的声音，从人们背后突然吹过来，猛推一把，又在贴上后背的一瞬间闪到一边。布拉克斯汉姆先生从他们身边轻快地走过，斗篷下的两只胳膊大幅度摆动着。

"这风可帮了大忙。"他说,为自己轻松的步伐而沾沾自喜。杰克逊太太也朝他笑了笑,但只是礼貌性地:等他一走过去,她的笑容便随即收起,而且那微笑也仅限于嘴角的略微上扬。

"等他去教区牧师住宅的路上可是逆风的。"唐纳德说。

"爸爸的车也是。"杰克逊太太说。唐纳德让风在耳朵两旁均匀地吹拂着。他想就"爸爸"这个词发表点高论,因为他再也不能轻松地说出这个词了,最近感觉这个词过于幼稚。可是家里的两个人似乎都不觉得这有什么问题,只有他自己觉得尴尬。他想等安静的时候提一提这事。而此刻,在大街上,太嘈杂,太公开了。

再和以下这段对比:

如果你知道我是一个17岁的英俊小伙,而这本冗长的大作就出自我手,那你可能会以为我是个学术型天才,是那种精神饱满地上完一整天的课后,还会忙不迭地跑回家学大提琴的人。然而我不得不遗憾地告诉你,我并没有被唯读书论的思想洗脑。事实上,它对我的影响是如此微不足道,以至于就在11个月前,我从那所幼稚而枯燥的高中退学了。

在那个只知道"学学学"的鬼地方,我唯一记得的就是英语老师康兰夫人。她在清醒的时候说过,如果你真想写点儿什么,就不能满篇脏话。你还要写点儿优美的内容,好让故事更丰富、更均衡。她是这样说的。我对此不敢苟同。我觉得这会让整本书变成垃圾。

想必各位很难搞错上面这两段文字的文化渊源。对于第一段的写作手法，理查德·霍加特的点评鞭辟入里："一种自信而冷淡的语气，一种对于就该用这种方式来处理句法才能彰显这种特质、这种态度的坚定信念；作者和读者的交流在对情感的处理和表达方式上受到了严格的规定和约束。"这是一种假定和读者拥有共同文化传承和社会背景的说话腔调；一种近乎傲慢的腔调（或者至少在作者圈子以外的任何人看来就是如此），叙述人把自己的位置摆得很"正"，通过"克制和淡化"的叙事来达到这种效果，并"用拐弯抹角的写法来约束叙述时的情感"。

各种迹象都能泄露作者不自觉持有的态度。穿着牧师斗篷的布拉克斯汉姆先生从身边走过。杰克逊夫人是他的同事，只是不喜欢这个人。她对他回应以必要的客套。但与此同时，她用"只是礼貌性的"微笑来表达她的底线，而且这个微笑也仅限于"嘴角的略微上扬"！当这一切发生时，请注意，正赶上学校放学，人群"默默涌出"。除了某一类英国学校，哪里的孩子放学后会安静地离开？

然后是主人公唐纳德，他是这本书所描写的，同时也是这本书的目标读者所属于的社会群体的典型代表。正值青春期（15岁）的他开始对"爸爸"这个词感到尴尬，但依然需要"等安静的时候提一提这事"，而不是在嘈杂的公共场合。

这是一本描写英国中产阶级的作品。上述信号都是暗示性的，写作风格彰显了它的本来归属。本段节选自威廉·梅恩的《黑暗游戏》（*A Game of Dark*）。我敢打赌，很少有美国年轻人，无论是多么优秀的读者，能轻松读懂它，甚至就连充分理解它都很难。

相比之下，第二段更加直白。对某些英国读者——尤其是对那些习惯于梅恩叙事风格的读者来说，这段描述尖锐刺耳，油腔滑调。其中既有粗鄙的反讽（"然而我不得不遗憾地告诉你，我并没有被唯读书论的思想洗脑"），又有某种近乎不守规矩、不受约束的松散语言（"我从那所幼稚而枯燥的高中退学了"或者"会让整本书变成垃圾"）。但最让这些读者感到惴惴不安、唯恐避之不及的特质，应该是它的开放性。这是一种就差把情绪全写在脸上的写作。对英国中产阶级来说，这样做近乎犯罪，必须彻底予以摈弃。然而，尽管第二段文字假装玩世不恭，但实际上它对待一切的态度要比梅恩的那本还要严肃得多。对这个 17 岁的故事讲述者来说，他用不着等待某个安静的、私密的时刻，他会向所有愿意听他讲话的人敞开心扉。"梅恩式的英国人"会说，这段文字缺乏体面的克制，过于自大和狂妄。"傲慢"，他们应该会用这个字眼。

后面这段文字节选自保罗·津德尔（Paul Zindel）的《我从未爱过你的心灵》（*I Never Loved Your Mind*）。这本书大受英国青少年的欢迎。和津德尔的其他作品一样，它读起来毫不费力，让人怡然自得。还有罗伯特·科米尔的《巧克力战争》（*The Chocolate War*），S. E. 辛顿（S. E. Hinton）的小说，贝芙莉·克莱瑞（Beverly Cleary）的《十五岁》（*Fifteen*）、《去问爱丽丝》（*Go Ask Alice*），帕特里西娅·温莎（Patricia Windsor）的《过去的夏天》（*The Summer Before*），以及数量惊人的其他作品。（我一直对几个美国青少年"最受欢迎书单"保持关注。上榜的英国作品少之又少。英国也有类似的书单，其中三分之一的作品都来自美国。）

这种吸引力并不仅仅局限于青少年。从苏斯博士（Dr. Seuss）的"启蒙系列"（Beginner Books）、"青蛙和蟾蜍系列"（Frog and Toad）、桑达克的作品，到《不停缩小的特里霍恩》《小淘气雷梦拉》（Ramona the Pest），再到《第十八种紧急情况》（The Eighteenth Emergency）、《大森林里的小木屋》（Little House in the Big Woods）……在英国，美国作品拥有众多，甚至可以说是"相当多的"读者，喜欢美国作品的英国读者数量非常可观。

我希望，威廉·梅恩作品的片段能够表明，即便是最优秀的英国文学作品，依然受制于其社会和文学传统的束缚。正是由于这种特质的存在，不仅美国儿童认为这些作品难读，就连英国孩子也感同身受。所有这一切其实都取决于作者倾诉的对象是谁——进而取决于以什么方式来倾诉。绝非像一些美国人所以为的，这都是因为没用美分和美元，而是用了英镑和便士的缘故，还有下午茶、打板球等细节，我稍后还会谈到。

以上都是我的经验之谈。我出生在一个和文学不沾边的工人阶级家庭，却在一所传统的、中产阶级文法学校[1]接受了高中教育。当我阅读英国文学作品时，莎士比亚、多恩以及大多数18世纪中期以前的作品令我如鱼得水。然而阅读在那之后

---

[1] 译者注：1944年的英国《教育法》为普及中等教育，将中学划分为文法中学、现代中学和技术中学。文法中学（grammar school）以培养学生进入大学为目标，侧重学术类课程，尤其重视古典语言和现代外语课程、科学课程；现代中学（modern school），以培养学生未来生活能力为目标，开设的课程有家政、音乐、美术、宗教等；技术中学（technical school），以培养学生的技术素养为目标，低年级开设的课程与现代中学类似，从第5年开始提供理科、商业、设计等课程供学生选择。三类中学的设立，加之原来的公学（public school），意在使不同家庭背景、不同天赋、不同性格的孩子都能够找到更适合自己的中学就读。

的作品，尤其是英国小说的时候，却令我感到陌生：我不属于它，它也不属于我。是的，我很仰慕这些作品，为它们感到由衷的自豪，后来我也逐渐学会了欣赏，只是仍然觉得不够自在。在我的青春期，我和 H. G. 威尔斯（H. G. Wells）的众多作品相处愉快。然而对于 D. H. 劳伦斯，只有他的《儿子与情人》、一些短篇小说和诗歌，能让我产生共鸣。理查德·霍加特在上文我们引用过的文章里还说，《儿子与情人》曾经是，可能至今仍然是"我们唯一拥有的一部重量级工人阶级小说——一部有生命的、无意引起争议的、没有自视甚高的小说"。

在我十几岁的时候，我更喜欢阅读美国作家的作品。汤姆·索亚就是我；汤姆·布朗不是我，但有时候我希望自己也能成为那样的人。我喜欢哈克·费恩，把《爱丽丝漫游奇境》看作一本关于住在山谷那边的人们的书，他们住在大房子里，拥有一群仆从和一辆宽敞的汽车，说话的口音和我完全不同——那似乎是一种为了彰显地位而专门设计出来的口音。

后来，当我遇到阿道斯·赫胥黎（Aldous Huxley）、弗吉尼亚·伍尔夫（Virginia Woolf），甚至是亲爱的、伟大的爱尔兰人萧伯纳（Bernard Shaw）时，尽管我相当喜欢他们，但仍然觉得自己就像一个衣衫褴褛的后巷男孩，在隔着树篱偷看"他们"玩耍。产生这种感觉的原因依然在于他们的措辞语气：他们是在跟对方说话，而不是跟我。但美国的作家，比如海明威（Hemingway）写的"尼克系列"（Nick Stories）故事，以及斯坦贝克（Steinbeck）的一些作品，却让我又找回了自己。有一段时间，我认为阿瑟·米勒（Arthur Miller）的《推销员之死》（*Death of a Salesman*）是 20 世纪最伟大的剧作。我猜这是因为其中所讲述的父子故事（以及讲故事的方式），及其与当下平凡生活的共鸣。我不曾怀疑，如今也毫不怀疑，艾略特的《荒原》（*The Waste Land*）——我的**青春之诗**——之所以**如此对我的胃口**，并非像许多批评家所说的那样，是因为受到 19 世纪晚期法国诗人的影响，也不是因为受到英国旧时诗人的影响，而是因为艾略特的美国血统。

所以只有通过 D. H. 劳伦斯，我才能读到和我身处同一社会环境的作者所写的作品。发现他的存在曾令我万分惊喜，极度的兴奋几乎将我淹没。之后足足有 5 年时间，我终日泡在英国文学里，等到 15 岁的时候，文学对我而言，已不再是一门学校的课程，而是成为一种生活方式：我开始对文学充满渴求，就像一个人渴求吃喝一样。当我们谈论如何将儿童培养成热爱文学的读者时，我们常常忘记，这种"发现"才是体验的重要环节。对于那些出生于不重视文学的社会中的儿童来说，这一点就更为重要。

多年来，为我输送养分的当代文学都是美国文学，而非英国文学。我相信许多英国的少年儿童至少会部分地赞同我的观点。因为美国比英国更像一个多语言社会，对于社会阶层的划分也更宽泛，所以美国作家的写作方式与英国作家存在区别。美国作家必须通过每一次写作与读者建立关系；他们很少做出基于阶级的假设，即使有也比英国作家少；狭义引用文化典故的情况也要少得多，不存在盲目自信的文学精英。无论如何，美国作者的文学根基远没有那么错综复杂，更不用说其年轻的民族根基了。然而任何一个英国作家，都知道自己的根在哪里，都能感受到根的牵绊。这就是为什么那些出身于没有文学渊源的工人阶级家庭，却一路接受英式教育的作家，会发现自己被那种与传统高知群体对话的腔调所钳制。而美国作家，因为并没有一个明确的对话对象，不得不（或者说"可自由地"）随意发挥。他必须为自己、为角色、为叙述找到立足之地，找到吸引读者听他讲故事的方法。

从津德尔作品的开篇我们就可见一斑。津德尔以最快的速度和最坚定的态度确定了作品的基调和角色。我们马上就知道了杜威的年龄、现状和他对学校的态度，通过各种信号了解到他是白人小孩，意识到他既聪明又口齿伶俐。短短几页的篇幅，还让我们知道了他的社会背景。最重要的是，这种风格给我们留下了这样一种印象，我们要么合上书，不再理它；要么就接受杜威（和津德尔）本来的样子。我们自己的文化立场并不会和故事混为一谈。

我们必须予以关注的是最后一个特质。我想用梅恩的例子来说明，英国作品的一项重要任务就是让读者在社会、文化和语言各个方面成为作者的盟友。它假设读者都能准确地领悟作品想要表达的意思，因此没有必要特意去解释什么。美国的作品，尤其是那些深受美国少年儿童欢迎的作品，则把重点放在主人公和故事本身上，对两者的描述无关读者的社会背景。结果就是，这些书更加平易近人，即便其中也会引用一些具体的"典故"——比如椒盐卷饼、学校年级设置或其他什么——这些典故在美国以外的地方并不为人所熟知。

我和其他许多英国读者（包括儿童和成年人）之所以在阅读美国文学作品时感觉更自在，原因就在于从一开始这些作品就不是为了和读者划清界限，而是在努力向读者敞开怀抱。更重要的是，美国文学之所以吸引人，是因为在它表面的自信之下隐藏着一种不安全感。这种不安全感与英国读者面对自己公认的文学遗产时的感受十分契合。美国的文学，不知不觉却又强有力地呼应着刚刚接触文学的英国年轻一代的内心隐忧。

鉴于这种影响深远的特质，美国文学作品的那种怡然自得、那种乐于尝鲜，无异于意外之喜，仿佛一股清新的风拂过开阔的乡野，让人感觉到其中那股不受限制的能量，一种打破束缚的畅快。美国文学仍然有可能犯错，有可能喧闹而粗鄙，有可能在技艺上略显生涩——但无论怎样，其背后是言之有物的，无论说什么，也无论对谁说。其中存在着一种"要不要由你"的自由，而这却是英国作家的禁区。

这一切在青少年作品中得到了最为清晰的体现。美国人怀着满腔热情和创造力去做这件事，而且不会为此感到尴尬。恪守传统的英国文化人却对此报以蔑视，感到不舒服。到目前为止，我们出版的作品要么受到读者喜爱，却因为不够复杂而经常遭受批评家的怀疑和厌恶；要么一板一眼，令人读得苦不堪言，比如《黑暗游戏》。有趣的是，艾伦·加纳的《猫头鹰恩仇录》集齐了我所说的所有正面元素。中产阶级读者很难把握这本书的结尾，这让我感到好笑。他们说这个结局破坏了整个故事，是本书的缺陷。但实际上，这正是本书的优秀之处。鉴于书中人物艾莉森和格温的社会背景与处事态度，只有另一个角色罗杰——不管他在读者眼中是多么不讨喜——才有可能安排恶作剧小鬼吓唬所有人，才有可能养个"吵闹鬼"让所有人不得安宁，制造出阶级的紧张关系，令所有角色的生活充满戏剧性。这正是我一直努力想要寻找的象征。

第六章

永远鲜活，永远蓬勃

——我如何看待青少年文学

Alive and Flourishing

A Personal View of Teenage Literature

1978 年，我受彼得·肯纳利（Peter Kennerley）之邀，为他的书《青少年阅读》（*Teenage Reading*）撰写一章关于我本人如何看待青少年读物的内容。过去 10 年，我曾屡次应邀发表相关主题的演讲。我期待借此机会把我想说的话整理成文，或许就能避免一而再再而三地表态。事实也确实如我所料。我曾以自由撰稿人的身份积极活跃于中学生读物出版行业长达 15 年。这篇《永远鲜活，永远蓬勃——我如何看待青少年文学》可称得上是对这段工作的完美总结。

*

我从不曾对"青少年文学"这个概念有过一丝一毫的怀疑。恰恰相反，在我整个职业生涯中，先是当老师，然后是编辑、作家，我始终坚信这类文学不仅是必要的，而且是合理的；不仅是合理的，而且是**确实存在的**。它的存在是既成事实：有人写，有人出版，有人阅读，由来已久。在我看来，否认存在"青少年读物"概念的行为令人费解，甚至可以说荒谬至极。这种唱反调的行为始终回避一个事实：文学是有其历史渊源的。事实上，反对青少年读物的论调只说对了一点，那就是它们所否定的是儿童和青少年读物这个整体。

我们先从历史视角来阐述一下这个问题。早在 1802 年，多产的教育家莎拉·特里默（Sarah Trimmer）——她的《教育卫士》（*Guardian of Education*）是第一份儿童读物严肃评论杂志——就在一篇名为《观察儿童和青少年读物所发生的变化》（Observations on the Changes Which Have Taken Place in Books for Children and Young Persons）的文章中写道，在评价青少年出版物时，她会：

尽量把它们一分为二，即儿童读物或者青少年读物；但**问题**在于两者的界限该如何划定？以前，所有未满**14 岁**的人都被视为**儿童**。如今，倘若从那些书名来判断，对比其内容，我们会发现有些书把**五六岁**的孩子也归为"**青少年**"。然而根据我们的设定（假使作者的特权仍会得到尊重），不能理会**扉页**怎么写，而是要采纳前辈的主张，将所有未满 14 岁的年轻先生和女士都视为**儿童**，将所有未满 **21 岁**的人都视为青少年；在对书进行分类时，则要使它们看起来适合不同的人生阶段。

变化其实不大：莎拉的前辈对于青春期的理解是非常正确的；而莎拉本人也认为有必要把书分为儿童读物和青少年读物；如今我们却想搞点新花样，开始争论是否可以有或者说是否存在那种专门针对年轻人的文学！事实上，早在简 · 奥斯汀创作《诺桑觉寺》的时候——她也借鉴了自己青春期的流行读物——青少年读物就已经大行其道了。没过多久，一些至今仍被怀念的名字开始涌现，一些至今仍被广泛传阅的佳作相继问世：1841 年，马里亚特（Marryat）的《船长随时待命》（*Masterman Ready*）；1853 年，夏洛特 · 永格（Charlotte Yonge）的《雷德克利夫的继承人》（*The Heir of Redclyffe*）；1857 年，休斯（Hughes）极具影响力的作品《汤姆 · 布朗的求学时代》（*Tom*

Brown's Schooldays）；1866 年，金斯利（Kingsley）的《希尔和特》（Hereward the Wake）；巴兰坦（Ballantyne）的系列少年历险故事（堪称维多利亚时代青少年探险故事的巅峰）；然后自然是亨蒂（Henty）；再接下来是现代文学早期第一人——塔尔博特·贝恩斯·里德（Talbot Baines Reed）；亨利·赖德·哈格德（Henry Rider Haggard）与他前后脚赶到；还有文学大师，集大成者史蒂文森（Stevenson），在他之后的作家要么一路追随大师的足迹（时至今日还有不少人），要么另辟蹊径、开创出一条不同于先人的路。

仅仅百年的时间，令人肃然起敬的文学传承，只是这种文学类型在当时并不为人所轻易接纳。话虽如此，此类作品从数量和读者人数上来说仍然不可小觑，我提到的那一串名字便是最好的证明。就像每一种艺术，绝大多数被创作出来的作品早已无迹可寻，只留下少数巅峰之作供后人仰望。

当我迎来自己的**青少年时代**，我既不知道特里默女士，也未曾听说过那一长串名字。但那时的我喜欢读里德，喜欢读巴兰坦，尤其欣赏马克·吐温（Mark Twain）的《哈克贝利·费恩历险记》（Huckleberry Finn），以及其他很多书。那些书的名字我已无法一一记起，早已变成我情感世界的底色：有关海上生活的故事——令我曾一度渴望追随曾祖父的足迹从事贸易；有关非洲生活的故事——始于《祭司王约翰》（Prester John）和《所罗门王的宝藏》（King Solomon's Mines）；后来我发现了其中最伟大的青少年读物——《儿子与情人》。当我的生活境遇发生变化，我对这本书的感悟也随之改变。有一段时间，克拉拉那种能够把男孩变成男人的年长女性魅力莫名地吸引着我。当然，那时的我并没有觉得它们其中的任何一本属于"青少年读物"。但我就是喜欢读，因为那里面说的就是我，至少我是这样认为的。我还注意到，如果那些书与我彼时的处境直接相关，就会令我更加投入，我也会从中获得更多乐趣。

我不希望自己的语气显得过于辛辣，接下来我想谈谈长大后我读过的一些作品。我得承认，最近一周我沉迷于阅读《丹尼尔·马丁》（*Daniel Martin*）。按照某些批评标准，它或许被认为篇幅冗长、时空错乱。我打赌它的编辑肯定很想删掉其中的一部分。然而坦白地说，我并不介意；在我看来，这本书还可以再写 200 页。为什么？因为它是关于中年人的故事，关于当下混迹于英国艺术圈的故事。其中还有大量描述英美两国差异的内容，描述当下年轻人的内容，以及关于农村工人阶级出身、受教育并在城市打工的内容。今年我 44 岁，和一个美国人结婚，因此和美国扯上了关系；我出生在城乡接合部的工人家庭，通过受教育成为职业人士。无论我做什么，身边都围着一群 20 多岁的年轻人，而且他们对我的工作拥有充分的发言权。丹尼尔·马丁看起来就像是我的一位老友。这有什么可奇怪的吗？如果"我与文学"可以是这样的关系，那么青少年和他们想读的东西也可以是这样的关系。

请允许我稍做停顿以便澄清一个问题。这个问题长期干扰着有关儿童和青少年文学的讨论。我**并不认为**青少年文学**只**适合儿童或青少年；我**并不认为**年轻人**只能**读为他们出版的书，其他都不必看。事情绝非如此。儿童和青少年越早接触经典文学越好。但我确实认为，如果大多数青少年在成长过程中多接触一些专为他们创作的作品，至少以我刚才所描述的那种方式，而且这些作品在创作和出版时所投入的心血和主流作品不相上下，那么青少年一定会更积极、更主动、更深入地领略其中的乐趣。

　　顺便说一句，我也不认为青少年、儿童与成年人分属不同物种。大家都是人类。不同之处在于：儿童至少在人生的一部分时间里，会用不同于青少年和成年人的视角看待问题；儿童对生活的方方面面都给予了关注，都很感兴趣。青少年和儿童、成年人的视角也不一样。正因为如此，《麦田里的守望者》（*The Catcher in the Rye*）虽然出版时面向的是成年人群体，但如今却成为青少年文学的标杆——而且当之无愧；青少年才是受这本书影响最大的群体。同样，《老鼠父与子：不可思议的旅程》虽然是为儿童出版的书，但却逐渐成为最受青少年喜爱的作品。这是基调、内容、观点、主题、语言和文本参考点等各项因素共同作用的神奇结果。

　　不出各位所料，我们的论证到此必须打住，因为缺少文学批评这一环节。而在座关注这个问题的人想必都对此心知肚明，之所以会缺少这个环节，在于有人无休止地贬低这种文学批评形式，无论出于何种原因。或许是认为青少年读物不够严肃——是一种不纯粹、不受欢迎的杂合体——令那些训练有素、掌握技能和知识的批评家手足无措——他们可不想因为沾惹这种显然不够体面的题材而被视作学术圈的傻瓜。因此，像艾伦·加纳的《猫头鹰恩仇录》，威廉·科利特（William Corlett）以《伊甸园之门》（*The Gate of Eden*）作为开篇的三部曲，以及弗吉尼亚·汉密尔顿（Virginia Hamilton）的小说，这些多姿多彩、可敬可叹的作品，仅仅因为它们是为年轻人写的书，就屡遭批评界轻率而无知的冷眼。

接下来我想留一些篇幅把话题带回课堂。我想那些话题会让我"以一名教师的身份"重新振作起来。我在《勉为其难的读者》中，记录了我最初几年教学生涯的成果，这里就不再赘述了。青少年读物作为儿童文学和成人文学之间的桥梁，是促使我做"优选系列"的原动力，也是我意外踏入编辑行业的起点。正如该系列的一位读者在表达自己对这个系列的喜爱之情时所说的那样："从布莱顿到陀思妥耶夫斯基，真是一大进步。"如果你在 12 岁之前还没有迈出这一步，那你就需要外界的帮助。根据我的推想，既然大多数人都是如此，那么"桥梁书"的创作和出版为何就不能和一般性的商业书籍平起平坐？为什么"桥梁书"就该有自知之明，就该为自己"教育类"产品的身份自惭形秽，非要由那些以教学而非文学为目的的人来编写，再由那些专业从事教材生产的企业来制造？它们满足的是老师课堂教学的需求，而不是让书籍成为居家阅读者的乐趣。无论如何，结果就是我推出了"优选系列"丛书。

然而，很快我就发现青少年文学不仅是一座桥梁、一种对文学的恶补。青少年文学能够做到也应当做到任何文学都能做到的事情：以日益多样化的方式满足作家和读者的需求，回应自己的历史，回应其他艺术形式，回应本时代的需求。是"优选系列"丛书的读者促使我猛然惊觉：青少年文学充满着可能。这个系列一经推出，读者就时常写信和我探讨那些书；时至今日我每周还能收到几十封这样的信——只是有时候这些信也会变成沉重的课业负担。"亲爱的编辑，老师让我们写信告诉您，对于……"自觉自发的反馈是一回事，被逼写信则是另一回事。

大部分读者主动写的信都有一些共同点，我这就列举一些。比如受到多数人喜爱的故事往往是那些：角色与自己年龄相仿的故事；描写当下这个时代的故事；故事题材比较常见——但我仍想特别强调一下——这些题材包括亲子关系、挑战权威、发现自己和创造未来、与同龄人交往，当然还有性（在仍由成年人把持的青少年文学作品中被允许存在的那部分）。

以上都在意料之中。但也有一些要求尽管表达得很婉转，却令我倍感压力，我在回复每周邮件时，也逐渐意识到，它们有必要被认真对待。一些信的字里行间流露出这样的意思："我知道我喜欢什么，但我想得到更进一步的引导。"读者通常还会这样说："您能给我推荐一些类似于这本书的、我可能会喜欢的作品吗？"我想，我们不该认为人们总想要相同的东西。至少在这里不是这样的。据我了解，读者想要的并非是重复的快乐，而是**更加深入和可以扩展的快乐。**

我可以用自己的经历来说明这一点：我曾提到过我喜欢读《丹尼尔·马丁》。读完这本小说后不久，我又迷上了约翰·韦恩（John Wain）的《赦免者的故事》（*The Pardoner's Tale*），还有艾丽丝·默多克（Iris Murdoch）《大海，大海》（*The Sea, the Sea*）中的大部分内容。然后，我突然又想重新读一遍格雷厄姆·格林（Graham Greene）的作品《恋情的终结》（*The End of the Affair*）。这些书之间的重叠是显而易见的。而且——我认为——我对其中任何一本的喜爱程度之所以逐渐加深，正是因为存在其他几本可以与之参照的书。如果我没有读过其他几本，那么其中任何一本带给我的感悟也绝不会如此丰富。这种情况很常见，而且我认为这才是文学阅读的真正奥义。更重要的是年轻人能够通过这种经历实现在文学道路上的不断成长。但是，若要让这种叙事多样性的加乘效应变为可能，就必须创作和出版更多这样的书，并予以广泛传播：青少年文学必须作为一个类型而存在，而不是说，我们的市场上，刚好有那么几本书受到了青少年的喜爱就可以了。

通过我的青少年时代和作为一名教师的经历，我深刻体会到了孩子们对这类书籍的需求；通过我从事的编辑工作，我了解到出版这类书籍的可行性。然而，归根结底，一切都取决于有作者愿意创作这类作品。

20 世纪 60 年代中期，在我忙于推广"优选系列"丛书概念的同时，各种各样的人——包括出版商、图书馆员、书商——都曾对我说过，青少年读物不仅没有市场，也没有作家愿意为此劳心费力。时至今日，我还会听到这种说法。摆明是在信口雌黄，这毫无疑问。历史告诉我们不是这样的，当代作家则说明了原因。艾伦·加纳曾给我写过一封信，后被我收录于《勉为其难的读者》中。他在信中首次表明自己并非儿童文学作家，并非"奇幻作家"，并非任何一类作家，就是单纯的**作家**。他是这样解释的：

然而，我确实希望孩子们读一读这些书，尤其希望青少年能从中找到乐趣。原因很简单：孩子是最好的读者。和孩子交流才是真正的交流。青春期的少男少女也一样，更甚于儿童……有一种理论说：青春期或许是成熟的巅峰，成年人自此往后都是在走下坡路。我对此深以为然，在我所能预见的未来仍将继续如此。

再后来，加纳在一次采访中进一步完善了上述表态。那篇采访稿发表在 1978 年 9 月 27 日的《信号》杂志上。就像以特定方式呈现一门艺术，向作者认为接纳程度最高的读者倾诉自己想说的话，是一个非常正当的理由。还有一类人，写作对他们来说，是为了重现自己的青春并再次面对它。罗伯特 · 科米尔的《巧克力战争》，罗伯特 · 韦斯托尔（Robert Westall）的《小机枪手》（*The Machine-Gunners*），都是在呈现作者自己青春往事与子女当下的青春故事，以及两代人所生活的时代之间的关联。我收到太多毛遂自荐的手稿，都是出于各种原因想要**专为**青少年写作。我有时候突然会想，这是多么奇怪、反常且只有少数人才会做的事情啊！

对于个人的感受，我还是很有发言权的。撇开我作为教师和编辑的工作不谈，我可以用自己作为一名作家的经验来验证上面的话。我**为**青少年写作（也为成人和儿童写作）。今天这个场合并不适合从神经学或经验学的角度探讨我渴望那样做的根源；这就是一个不争的事实。我的小说《休息时间》并非源自经过精心计算的公式，也不是为迎合"优选系列"丛书读者票选出来的最受欢迎小说而创作的。以我有限的自知之明来看，我的故事不是刻意编造出来的，而是一气呵成的。在它逐渐成形的过程中，所有与青少年文学有关的理论都被我抛诸脑后。在此之前、之中和之后，我只知道自己必须以这种方式把故事写出来。如果有读者愿意读，我选择的第一读者就是青少年。因为这个故事描写的是"我心中依然存在的那个少年"，它的读者也应该是"读者心中依然存在的那个少年"。

倘若我想写的是与"我心中那个成年人"有关的故事，就会采取不一样的方法，叙事视角会不一样，假定参照和直接引述也会不一样。简而言之，整本书的口吻和修辞都会用另一种方式来处理。而这些差异具体包含什么——哪些因素能让一本书成为**专门为**青少年写的书，哪些不能——是一个绝妙的主题，也是我们真正应该讨论的主题，而不是继续不厌其烦地争论青少年读物是否可以甚至是否应该存在。但正如我在前文中所说，如果缺少文学批评的环节，就无法探讨这个主题。其实，可用于相关批评的素材已经积累了很多。将这些素材集结成条理清晰的评论文章，对学者来说不过是举手之劳。如果有必要做点什么来提升青少年文学的地位并推动青少年文学的创新发展，这就是我们的当务之急。因为健康的文学批评氛围会激发作家和出版商的积极性，向相关专业人员（图书馆员和教师）推介相关作品，从而让青少年文学的形式更加明确、接纳度更高。

除此之外，青少年文学的真正问题不在于它的存在是否正当——正如我所说，它已然存在，而且不会消失——真正的问题在于读者是否可以方便地阅读。所以说这个问题不在于文学，而在于商业。图书管理员们仍然在为如何处理这些书、应该把它们摆在哪里而焦虑；可悲的是，中学和大学教师仍然不清楚市面上有哪些青少年读物。而且正是出于这种无知，导致他们对青少年读物这个概念本身抱有极为苛刻的偏见。在这些"代表青少年读者的买家"所构成的强大群体茫然无措的同时，出版商也在犹豫，究竟哪些书应被划归这个类别。到目前为止，与其他一些国家的情况相比，英国只有博德利·黑德出版社（Bodley Head）勇敢地表明了立场，公开展示出版书目。我等作家为此深感欣慰——我可不希望自己的《休息时间》缺席儿童书单。在平装书中，只有企鹅出版社（不包括"优选系列"）曾尝试过将青少年读物加以整合（从他们选择的书目来看依然非常谨慎），不定期推出"孔雀系列合本"（Peacock）。[1]

在我看来，我们的长远目标必须是厘清青少年文学批评的形式，整顿和疏通青少年文学的推广渠道。而青少年文学本身并不会屈服于当前那些不利因素，而是会继续保持数量上的快速增长和性质上的日臻完善。

---

[1] 作者注：1978 年起，企鹅出版社开始推出"海雀＋系列合本"（Puffin Plus）等，带动其他出版商纷纷将青少年文学书目纳入出版计划。

第七章

讲述方式

——从作者变为读者：作家如何读懂自己

Ways of Telling

From Writer to Reader : An Author Reads Himself

此篇文章是艾登·钱伯斯以作者身份对自己撰写的两部青少年题材的小说《休息时间》和《在我坟上起舞》进行的深入肌理的剖析，其内容紧紧围绕这两部小说而展开。为方便读者阅读，特摘编这两部小说及与这两部小说密切相关的"舞步系列"（The Dance Sequence）的相关内容简介于正文之前。

《休息时间》

整个故事始于一次挑战。摩根（Morgan）嘲笑迪托（Ditto）只会纸上谈兵——就连性经验也是如此——并对他发起挑战：去证明文学与真实生活是否相关。迪托随即应战，并将自己在假期中的种种遭遇记录了下来。

那可真是相当丰富的经历。先是他的父亲突发心脏病，迪托认为这是由他们之间爆发的激烈争吵导致的。他跑去乡下，和两个陌生的少年成了朋友，又被卷入一场酒后斗殴。再后来，迪托都没想到自己竟然如此胆大妄为，和同伙一起洗劫了一所民宅。

但迪托这场冒险之旅的小秘密也是他的终极目标，则是遇见一个名叫海伦的女孩——这是一个能满足他各种想象的女孩——这个女孩将他仅仅在书中读到过的故事，彻底变成了能真切感受到、改变人生的体验。真有这回事吗？还是说这"只不过是一个故事"？会不会只是一个文字游戏？迪托说，答案尽在他写的书里，任何人只要接受**他的**挑战，大可以自己去寻找答案。

《在我坟上起舞》

言出必行——无论多难也要恪守承诺。

《在我坟上起舞》是一个关于爱与痴迷的故事，讲述了主人公哈尔·罗宾逊（Hal Robinson）在一个海边小镇度过的非凡夏日。从哈尔与巴里的初次相遇，到随后两人关系迅速升温，再到痛心不已的结局，从哈尔口中道出的那些炽烈的情感、奇异的经历和充满戏剧性的情节，永远地改变了这个少年。

"舞步系列"[1]

简单谈谈我的几部小说。"舞步系列"共包括六部书。我之所以将它们称为"舞步系列",是因为当我创作《在我坟上起舞》时,我就预感到自己应该会写六本,而且我认为它们就像某种复杂的舞蹈——由故事和人物角色构成的舞蹈,由事件、思想和经历构成的舞蹈,追根溯源,则是由文字和语言构成的舞蹈。之所以叫作舞步,是因为它们就像一个大家庭的成员。每一部小说自成一体,特质各有不同,可以说,它们各自独立;但每一部又拥有相互关联的文学基因。它们拥有很多共同点,同时又透过各自的视角审视这个世界。

它们共同描绘出特定的青春图景,呈现了在20世纪最后几年和新千年最初几年这个阶段长大成人的青少年的故事。每一部小说都与特定的体验有关。例如,我认为《休息时间》尤其注重身体体验——五种感官体验。《在我坟上起舞》注重情感体验和对个体的痴迷。《现在我知道了》是关于信仰和理性思维的戏剧性冲击。《收费桥》是关于"认同的故事",讲述了通常被年轻人称为灵魂伴侣的柏拉图式爱情的友谊。《来自无人地带的明信片》中的人物则在不断跨越边界。只是一种思考这些故事的新方式,当然还有其他考虑,不过作为引子这些应该足够了。

整个系列完成于2005年,当年出版了这个系列的第六本书《这就是一切:科迪莉亚·肯的枕边书》。叫"这就是一切"不仅因为它是"舞步系列"的最后一本,还因为它对前五部小说所描述的内容进行了总结、补充和修正。难怪它有816页!这也是该系列中唯一一部以女孩为主角的小说。

借用这套作品引言中的一段话:

所有的写作都是绘画。
所有的写作都是回忆。
所有的写作都是上天的赠礼。

---

[1] 编者注:本段为钱伯斯自述。

本文以 1984 年 5 月在斯德哥尔摩大学发表的讲座内容为基础，同时结合了近几年在美国、加拿大、澳大利亚和以色列等国的相关演讲和讲座内容。

*

感谢主办方盛情相邀，请我就自己的小说，介绍一下故事的讲述方式，特别是叙事结构。在展开介绍之前，我想先对站在各位面前的"三合一"的我进行一下划分。（如果各位担心我指的是那个"三位一体"，请相信我，很快你们就会意识到这是多虑了。）

站在此处的这个人，毋庸置疑，能呼吸，会吃饭，对事物有所反应，总体来说，就是生物学上所界定的人类。此人和一位名叫南希的女士共同生活。就像韦恩·布斯在那本传世经典《小说修辞学》中所写的："忙于支付各种账单，修理漏水的水龙头，既不慷慨也无智慧。"再者，各位也看见了，站在大家面前的是一个写书的人。此人又惊又喜地发现，自己竟然能依靠这个对他而言必不可少的职业谋生。但是在这两者之间，还站着另一位，即第三个人。他是一位读者，通过阅读其他人的作品，获得此生最大的乐趣之一。

今天必须和各位对话的，就是这第三个人，即作为读者的我。毕竟作者已死，已是属于过去的人。这是罗兰·巴特（Roland Barthes），一个优雅的多元主义批评家告诉我们的："读者的诞生应以作者的死亡为代价来换取。"我本人写作和阅读的全部经验令我相信此言非虚。书一旦写完即尘埃落定；写作之人便不复存在。我们可以为作者立传，写书这件事也确实存在过。然而在文本之外，却再无作者立足之地。作为文本的书籍就此自立门户，拥有了独立于作者之外的生命。然而这种生命的延续依赖于读者，因为书籍已被读者据为己有。

因此，当我以读者的身份同各位讲话时，我只是众多读者中的一员。我的阅读体验并不比其他任何人的体验来得更重要。我还要承认，所有的阅读都是一种翻译行为，所有的阅读也都是一种诠释行为。我之所以要特别提出这一点，既是希望重申每个人的阅读都有其独特性，也是出于一个再寻常不过的理由：我读的作品是英文版本。而我非常确定各位所读的瑞典语版本，以及德语、法语、荷兰语等版本，在很多方面都存在明显差异。这不仅是由于翻译的语言问题，也是由于各个版本在某种程度上都是读者对原版的解读。

以上就是我的开场白。现在我来做个大致的介绍。本次我受邀谈一谈我作品的叙事结构。如今，很多人都喜欢使用"叙事结构"这个词，但大家对这个词的含义理解却各有不同。因此，我们至少先要就我对这个词的理解达成一致。我的依据是热拉尔·热奈特（Gérard Genette）在他的重要著作《叙事话语》（*Narrative Discourse*）中所做的解释。他在书中认为叙事结构包含三个意思，并将其归纳如下：

在我看来，对叙事话语的分析自始至终都是对关系的研究：一方面研究话语与其所叙述事件之间的关系……另一方面研究话语和产生话语的行为之间的关系，这些行为或真实［荷马史诗（Homer）］或虚构（尤利西斯）……因此，对叙事话语的分析，对我来说，究其根本就是研究关系，研究叙事与故事的关系，叙事与叙述行为的关系，以及（寓于叙事话语之中的）故事与叙述行为之间的关系。

遵照热奈特的说法，我所讨论的应该是作为故事叙述者的"我"（创作者）、我小说中虚构的主人公——《休息时间》中的迪托和《在我坟上起舞》中的哈尔、构成主人公故事的各种事件，以及生成相关叙事的故事讲述方式之间的关系。

我接下来的介绍借鉴了以下列出的一些批评理论见解。我相信，这些见解应该会得到在座大多数人的认同。请允许我引用这些在我看来最能表达我观点的语言，以此确认我们在相关问题上意见相同。第一句话来自汉斯－格奥尔格·伽达默尔（Hans-Georg Gadamer）的《真理与方法》（*Truth and Method*），其他内容援引自罗兰·巴特的《图像·音乐·文本》（*Image-Music-Text*）。

并非偶尔，而是一向如此：文本的意义远非作者所能掌控。

……作品拿在手中，文本寓于语言。

如今我们知道，文本并不是彰显单一"神圣"旨意的一串文字（来自"作者大神"的"信息"），而是一个多维空间，其间各种各样的文字作品相互交织、碰撞，没有任何一个是最初的版本。文本是一种有机组织，由多得数不清的文化中心延伸出的引语构成。

读或者听一段叙事，不仅要从一个词转到下一个词，还要从一个层次过渡到下一个层次。

最后我想引用一句巴特的话，开启本次演讲的主题：

……**文本**的隐喻就是网格的隐喻。

《休息时间》这个故事的结构网格，相对来说比较容易用一张图表来呈现。它既可以是二维的，就像是一张专门捕捉主题的渔网；也可以是三维的，就像是一幅穿透主题景观的地质横断面切图。（参见图1）

这张图或许会让本书的脉络看起来扑朔迷离，但我的本意绝非如此。一个漫步乡间的人理应单纯欣赏眼前的美景，而无须费心思量这些风景究竟是如何形成的。在创作故事时，作者也应当尽量提供赏心悦目的风景和宜人的小路，满足那些只求一饱眼福的观光客的需求。但所有的路径、所有的风景，都会因为隐藏在地表之下的地质特征而各具特色。一些旅行者偏爱研究这些地质基础，就像一些读者偏爱以这种方式阅读小说一样。我想各位应该就属于这类读者，否则你们今天就不会出现在这里。如果我对此没有足够的信心，肯定不会冒险绘制这样一张图表，也不会继续讲述它所描绘的故事。

《休息时间》这个故事沿着两个相交的"表层"构成的坐标轴而展开：一条线是旅途中的男孩——迪托，他历经了一场成人仪式般的冒险，从一种情感的困顿状态转入一种清醒和静止的状态。他坐在那里静静等待，准备迎接人生的下一次风浪。

男孩正在经历一场"成人仪式"的冒险

套路：青少年小说的套路

莎士比亚喜剧的结构

作为依托的民间故事和"场所"：故事发生地

通过语言表现的虚构行为

叙述者的问题

重塑作者本人的青春

图 1 《休息时间》叙事网格

另一条交叉线，则代表着读者在书页间穿梭的冒险，通过文字和语言体会这个故事——体会文字本身的字体、字形、图片、笔迹、脚注、具象诗等元素。在这场冒险中，读者关注的焦点是这部小说作为一本书的特点，而这本书则是一件由各种符号装点而成的人造物品（当然我希望读者能从中收获快乐），它本身就是这个故事的讲述方式之一。

以上（具有历时性、多模式且呈十字形相交的）两大类元素，构成了整个故事网格的经线和纬线，同时也确定了主人公和读者之间的关系——他们一起冒险，分别扮演各自故事里的主角，在印刷于书页上的文字中彼此相遇。

说个题外话。我知道我的这些比喻有些含混不清。但我并不认为它们是一锅乱炖。它们相互依存，是图像万花筒中的一部分，单凭其中任何一个方面都不足以撑起一部令我满意的小说。此外，无论是作为作家还是读者，我都认为小说确实是一种三维图形模式，是一种音乐，更是一场穿越不同空间（景观）与多重时间的旅行。我在这里尽可能真实地描述我个人阅读作品的感受，即便这意味着我必须使用如万花筒般扑朔迷离的比喻。

如果我们现在从表层进一步往下探索，就会发现一层柔软的黏土：这里遍布各种青少年小说惯有的套路。男孩遇见女孩；儿子反抗父母；青春期的少年相互竞争、寻求冒险，还有第一次偷尝禁果带来的刺激。我们会听到一只猫头鹰的嚎叫——老套的死亡征兆；布谷鸟的啼鸣——老套的不道德的预示；海伦——老套的诱惑者。海伦出现在迪托面前，俨然一副"老套的可人儿形象"。他们彼此相遇，在老套的浪漫场景里——一处美丽的山坡上——彼此诱惑。

套路令我着迷不已。有句话说得好（事实上因为这句话说得太多也变成了套路）：实在没有新鲜事，老套故事来凑数。更何况，和所有套路一样，我们的套路中也不是全无事实。巴特对这个观点进行了颇为精辟的总结。他写道："文本是一种有机组织，由多得数不清的文化中心延伸出的引语构成。"麦秆和黏土就是大地提供的老套素材，有专人将它们制成砖块，用于建造新东西。这些新东西是由旧东西制成的。人们对待原材料自然要做到物尽其用。在这些老套的桥段中，内容始终是真实的，几乎穷尽的只是表达内容的形式。没有所谓新的真理，只有新的或者更新的表达形式。

通过对形式的重新审视和改造，可以使已知事物焕然一新。最流行的套路之所以颇具趣味，就在于它们具备普遍的吸引力，因此才会如此受到欢迎。形式也让我着迷，因为我从形式中发现了力量。对我来说，形式，也就是讲述方式，是由**腔调**（语言的气质）和**技艺**（在叙事中表达语言的技巧）共同构成的。

关注这些套路固然没错，将《休息时间》中的所有老套桥段一一罗列也没有问题。然而，每个故事都需要一个情节、一套事件框架来确定整个故事的外形与走向。我在写创作笔记的阶段为此煞费苦心，试图自己凭空摸索出一套框架。最后，我误打误撞地在阿尔文·克南（Alvin Kernan）所写的《英国戏剧"狂欢"史》（The 'Revels' History of Drama in English）中读到了这样一段文字：

典型的莎翁喜剧情节会将不断游移于梦境与思想之间的那种迟疑不定的状态，延伸到人物的行为上。随着剧情的发展，人物角色出于内心的迫切需求，以及在流淌于故事世界中的强大力量的推动之下不断前行，从熟悉、明亮的地方和原本清醒的精神状态，进入到陌生、不熟悉、晦暗不明的场所。他们在历经了一段时间的困惑、惊讶与茅塞顿开之后，才终于回到来处。这种移动路线，借用莎士比亚最惯用的一些符号来举例，可以包括：从城市到丛林，再回归城市……从日常生活进入假期模式，再回归日常生活；从受制于社会的约束与秩序，到释放与自由，然后再回归严肃的工作状态……从一个已变得专制、暴虐和民不聊生的陈旧社会，到革命的爆发（通常由年轻人以自由和生命之名发起），再进入第二阶段的无序与放肆，最后，第二阶段让位于新社会的形成。这个社会尽管接受所有人的祝贺与拥护，但总的来说是一个以年轻人和新一代为核心的社会。

这正是我一直在寻找的思路，永远跟随大师的脚步！我理应借鉴莎翁经典剧作的标准喜剧情节，这样就能将《休息时间》与英国最优秀的传统挂钩，同时也能为我的故事提供蓝图。为了反抗日渐衰落的成人权威，年轻人离家，前往一处神奇的地方，引发一系列无拘无束甚至放荡不羁的行为。在那里，年轻人比以往任何时候都更加深刻地发现了自我。随后，少年回到家，洗心革面，距离实现个人独立又进了一步，接纳了成人世界的规则与秩序，并将在不久之后从成年人手中接过社会的管理权。

找到能够统领全书的规划，引发了我对更多问题的思考：我们是否应该继续下探，进入这个故事地质构造的更深一层？故事应当发生在哪里？哪座城镇能够成为莎士比亚心中合格的"城市"，哪片地区又存在他所描绘的魔法"森林"？

多年前，一位经验丰富的作家向我介绍了她自己的写作法则。一定要写你了解的事物，她这样告诉我，一定要写你了解的地方。我想到了她的这番话，于是便开始观察如今我所居住的格洛斯特郡。然而我却不太满意将这里设置为这部小说的背景。我还尝试回想其他我所熟悉的地方，但感觉都不太对。最后，我想到了童年时期居住过的英格兰东北部地区达灵顿镇，还有约克郡里士满周边的山丘与谷地。

鉴于《休息时间》这部作品的性质，各位或许会奇怪，为什么我一开始就没想到这个背景设置？原因有两个。第一个仅仅是出于实际操作上的考虑。我不爱旅行，而达灵顿镇距离我家足足有240英里。我可不想大费周章地不时开车跑一趟，去当地核对确切的位置。第二个则是出于心理因素。我担心把这个故事设定在我度过青春岁月的地方，可能会导致我的个人生活和角色的虚构生活过分贴近。我想要规避小说作者时常跌落的陷阱，即无法抵御诱惑，将自传伪装成小说以逃避创作的问题。到头来，采用我年少时期时常流连的土地作为背景，证明我的这次冒险是值得的。我获得了意料之外的宝贵经验，并自那以后一直从中受益——这一点且容我稍后再讲。

最终说服我选择达灵顿和里士满的原因是，当我想象迪托的故事就发生在这里时，我在这片土地上发现了展开叙事的可能性。首先，达灵顿地势平坦，略显沉闷，建筑风格也平淡无奇。它的历史与蒸汽机车有关，乔治·斯蒂芬森（George Stephenson）就是在那里研制出了第一台蒸汽机车。当地也曾见证过工业革命的辉煌（如果确曾辉煌过的话），只是现在已是日薄西山。还有哪片土地更能让人联想到成年人权威的衰落，以及我笔下年轻的主人公所反抗的旧日传统呢？另一方面，里士满是一个集市小镇，毗邻斯韦尔河和奔宁山谷，风景秀丽，别有风情，令人一见倾心，恰与莎士比亚笔下的"亚登森林"如出一辙。斯韦尔山谷（Swaledale）的的确确散发出能量之光，整片山谷被水流湍急、卵石遍布、波光粼粼的河流所贯穿。山峦起伏，连绵不绝，拥有如肌肉发达的运动员那样凹凸有致的地形。山峦与河流，地理意义上的男性与女性，互相依偎，构成了一幅充满生机与美丽的景象。还有比这里更神奇的地方吗？还有比这里更能释放和重塑青春期压抑情感的地方吗？

我认可这片土地，因为它在许多年前就曾那样影响了年少的我。我刚才提到过，这个背景设置令我获得了宝贵的创作经验。具体来说，就是我掌握了如何在创作一部小说时，从自身和自己的生活中找到真实的参照点，并借助这些参照点测试角色的经历是否真实可信。它教会我如何在创作小说时借鉴自传，但又不会把小说写成自传。换而言之，它教会我如何在保持距离的前提下，借鉴自己的经历在小说中书写真实的故事。我不是说自己一直都能做到这一点，只是想说明，冒险一试让我明白了所谓"虚构的真实"的真正含义。

继续深入挖掘，进入下一层，我们发现里士满不仅有支持整个故事的地形地貌，还有一整套可以善加利用的故事类型学。当地有五个传说——那是五个广为流传的民间故事。我惊讶地发现，它们的象征意义和我的创作需求之间竟然如此契合。我将这些故事深深嵌入我的小说之中，使内容更为饱满，同时也找到了此前所缺少的焦点。

这些故事包括：

侠盗罗宾汉（Robin Hood），每个英国孩子都知道他。他劫富济贫，持有不同政见，曾一度被囚禁在里士满城堡（Richmond Castle）。也就是说，那段时间无论是对社会还是政治，他都无法有任何作为。罗宾汉的姓氏"Hood"旧时拼写为"Hode"，我把它作为《休息时间》中罗比·霍德（Robby Hode）的姓氏。罗比对父亲进行了无力的反抗，公开表现为两人在政治立场上的分歧，而私下则表现为与朋友杰克（Jack）之间不被认可的性关系。

在第二个故事中，一个名叫波特·汤普森（Potter Thompson）的人设法进入里士满城堡。那里有一座巨大的钟，亚瑟王的骑士们正在钟下酣睡。只要敲响钟，骑士们就会醒来，帮助急需救援的英格兰。就在波特·汤普森即将成功敲响那口钟的时候，他却因为怯懦而功败垂成。在一首古老的民谣中，波特有一个名叫杰克的儿子。而杰克·汤普森（Jack Thompson），正是《休息时间》里罗比·霍德的朋友。他中途辍学，是个块头大、胆子小的人。在一次政治会议上，罗比试图唤醒社会党成员，警告他们不能任由自己的主要发言人出卖大家的理想。而那个主要发言人，后来我们知道正是罗比的父亲。

第三个传说讲述了一名小鼓手听命进入一条古老的隧道。据传这条隧道连着里士满城堡和位于河下游两三英里以外的伊斯比修道院（Easby Abbey）。于是，一个已损毁的政治堡垒和一个已废弃的宗教中心，被串联了起来。为了绘制这条隧道的路线图，男孩奉命一边大声敲鼓，一边穿过隧道，大人则会在地面上跟着鼓声一路走。男孩听命行事。他的鼓声持续了一段时间后戛然而止。此后，再也没有人听到过鼓声，也再也没有人见过那个男孩。各位应该还记得，迪托在里士满城堡遇到罗比和杰克。喝得醉醺醺的三个人在一个荒凉的市场大厅里参加政治集会（事实上那个市场紧挨着里士满城堡，几乎就位于城堡正下方）。迪托在扭打中被敲晕，在伊斯比修道院附近的斯韦尔河边醒来。之后，他又参与了对霍德家的入室盗窃。如果我们结合敲鼓的英语"to drum"的不同含义，就会更加清晰地看到"鼓手男孩的故事"和书中这一连串事件的关联。"to drum"的解释包括："发出声音以引起注意""竭力争取支持或帮助""警告或驱逐""试探或发现关于某事的真相"。

以上三个故事有助于确定人物角色、事件和我想要表达的主题之间的关系。

第四个故事则直接被嵌入这部小说，提到了一个住在里士满山上的女孩子，有一首英国家喻户晓的民歌唱的就是她：

里士满山上住着一个女孩儿
她比五月的清晨还要明媚……

此处确实是个老套的桥段，而且还采用了流行歌曲这种让人又爱又恨的形式。这个少女就像很多流行歌曲中所唱的那样，是男性幻想中的完美化身。然而在另一个截然不同的故事版本中，女孩在现实生活中的原型其实是一个满嘴烂牙，还有口臭的高级妓女。但她真是这样吗？

相关证据已无从考证。这个异化版的故事很有可能出自某个尖酸刻薄的"厌女者"之手；或者也有可能是一些生活了无乐趣的女性禁欲者出于争强好胜的目的编造出来的。无论如何，这个女孩令我感到了一种充满讽刺意味的模棱两可，我对这种感觉十分满意，认为她一定能给迪托的故事增光添彩。

然而，我该如何把这个故事融入小说呢？我在想，谁才是这一类型女孩的经典代表？答案并不难猜：特洛伊的海伦。她的花容月貌令千艘战船闻风而动，她的名声本身就是学校男生之间相互打趣的好素材。于是，迪托的那位充满魅力的姑娘（可能是男性的幻想？），那位先占据了他的心，随后又弃他而去的迷人姑娘，变成了海伦——那个给他送照片、以充满诱惑的文字写信给他的人。

然而当地有那么多山，他们曾一起爬过的究竟应该是哪一座？第五个在当地流传的故事让我轻松地做出了决定。关于这个故事有着详尽的记录，与其说它是传说，不如说更像是一桩逸闻。因此我在小说里公开记述了这个故事，并没有掩饰其来源（这也帮我建立了一个巴特所说的"多维空间，其间各种各样的文字作品相互交织、碰撞，没有任何一个是最初的版本"）。故事说，正是在那座山上，一个名叫罗伯特·威兰斯（Robert Willance）的人骑着马在浓雾中狂奔。慌忙之中，他的坐骑跌下斯韦尔河畔耸立的陡峭悬崖。马儿当场摔死，骑在背上的主人摔断了腿，孤立无援，唯一的自救方式就是把马肚子剖开，把受伤的腿放在里面取暖，等待救援。后来，主人为他的马建造了一座纪念碑以示感激。我认为，当写到迪托和海伦在那座为想要飞跃群山的马而竖立的纪念碑旁边彼此纠缠时，我已无须特意点明这个故事和迪托的故事之间的关系。

当然，上述故事相互交织，并非各自独立存在。也正因为如此，它们相互影响和变化，就像迪托的讲述方式也在不断改变一样。我仅以一点举例。在那场政治集会上，几个男孩坐在一起，醉醺醺的迪托——此时他已经"敲打"过霍德和汤普森——先是以为自己身处某个地牢，后来又以为自己在参加一场祷告。烂醉如泥、搞不清状况的他询问每个人是不是睡着了。霍德告诉他，他们是在梦游。在这段简短的交流中，三个民间故事相互配合发挥作用，为这本书想要表达的言外意义创造出潜台词。紧接着发生的事情，可以说是迪托最肆无忌惮、最无法无天的一个瞬间。我在描述这个瞬间时所运用的手法可以说将文字的特点发挥到了极致。这一刻就发生在整个故事的中心位置。

如果我们在这个时刻不再将文本比喻成网格，而是比喻成一只车轮的话，那么这段文字应该就在轮毂中心的位置，暗示了本书的架构以及我希望读者阅读它的方式。这个文本的形状不是线性的，不是一条抛物线，也不是一只由这个人抛给那个人的球。它是环状的，就像车轮在地面上滚动，而这一段文字刚好就位于车轮的中央。

再往深处探索，最后三层将我们带到了文体结构的下方，深入构建这部小说的地基。在那里，我们发现了统领全书的主题。这些主题不只是《休息时间》所独有的，因为它们并非结构性主题，而是属于彻头彻尾的功能性主题。严格地说，这些主题并不在我们今天的讨论范围之内。然而我自己在阅读这本书时深感这些主题十分重要，因此为了做到尽善尽美，我还是想要略微谈一谈。

很明显，这个故事利用了所谓虚构、事实以及语言这三者之间的关系。迪托所说的究竟是"事实"，还是编造？摩根以及作为读者的我们，除了通过迪托所讲述的话，还能如何对他人的体验做到**感同身受**？当我们读到一段被讲述出来的故事时，我们所面对的是什么？我们体验到的又是什么？虚构的语言能够**做**什么？又是罗兰·巴特，对此做出了最佳总结：

叙事的功能不是"呈现"什么，而是构成什么：构成一片在我们看来仍旧极具神秘感的壮观景象，那绝不是模仿出来的……叙事不是展示，不是模仿；我们阅读一本小说时涌动的激情，并非源于"视觉"（事实上，我们并没有"看到"任何东西），而是源于意义。这是一种更高层次的关系。在这个层次上，也有归属于这个层次的情感、希望、危险和极大的满足感。从现实角度来看，叙事中"发生的事情"实际上根本未曾发生；所谓"发生的事情"就只有语言本身，它是语言的冒险，是对语言不断涌现的永不停止的颂扬。

——《图像·音乐·文本》

《休息时间》并不打算讨论这些理念，而是将这些理念编成了故事。实际上，故事只关乎——故事只不过是——语言。这是一个关于语言、关于不同类型语言的故事。对我来说，真实存在的只有语言。

就连"迪托"（Ditto）这个名字也表明了上述事实。在英文中，"Ditto"的意思是"同上"，符号是两小撇（〃）。由此可见，这个人只是我所描绘的、印在纸上的符号，就像他的故事只不过是我所写的文字而已。从字面意义上说，所有文字都是绘画，除了符号本身具有的意义，并无其他任何现实意义。因此，迪托就像"Ditto"这个符号，代表同义重复，他是一个自给自足的存在，并通过不断的重复来彰显这一点。但他重复的又是谁呢？当然，不是别人，正是由构成他的故事的语言所创造的那个人，就是迪托自己。这样想的话，"同上"符号可以说是语言学符号中最抽象的一种了。它是一种语言学意义上的能指（signifier），而它的所指（signified）则是另一种语言，即故事本身的语言。这意味着我们可以将迪托看成一个文字笑话，就像他的整个故事就是一出喜剧。然而，伦敦《泰晤士报》（*Times*）的某位书评人却只从"迪托"这个名字中找到了这个："钱伯斯／同上（Ditto）（看懂这个笑话了吗？）。"[1] 这种阅读能力的欠缺只不过再次表明，无论作者如何竭尽全力地想要和故事划清界限，读者总能从他的作品中找到自己想找的东西，并试图把小说粗鲁地解读为作者对自己第一人称生活的拙劣伪装。顺便一提，《泰晤士报》的书评人一定是对刘易斯·卡罗尔完全不熟悉，一定不记得《爱丽丝镜中奇遇记》（*Through the Looking-Glass*）中有这样一幕（这对任何从事报业工作的人

---

[1]　译者注：这位书评人固执地将《休息时间》定性为钱伯斯的自传体小说，而在下文中，钱伯斯随即做出声明，他一直"竭尽全力地想要和故事划清界限"。钱伯斯之所以给主人公起名"Ditto"，并非暗指主人公是自己的"同义重复"，而是意在塑造一个不断自我指涉的人物形象。

来说虽不算罪过，但绝对算是不幸——毕竟他们理应对各种荒唐文字见怪不怪，这个要求完全不过分）：

"我担心他躺在潮湿的草地上会着凉。"爱丽丝说。她是一个非常体贴的小姑娘。

"他现在正做梦呢，"特维德地说，"你猜他梦到了什么？"

爱丽丝说："没人猜得到。"

"切！**你呗！**"特维德地大声嚷嚷起来，得意地拍着手，"如果他不再梦见你了，你觉得你会在哪里？"

"当然是我现在正待着的地方。"爱丽丝说。

"才不是呢！"特维德地轻蔑地反驳道，"你就无处容身啰！切！你只是他梦里的一种东西而已！"

"要是那个国王醒了，"特维德地继续说道，"你就会消失——噗！——就像一根蜡烛那样！"

"我才不会呢！"爱丽丝愤怒地喊道，"再说，如果**我只是**他梦里的一种东西，那**你**是什么？我倒想知道个清楚！"

"一样（Ditto）。"特维德顿说。

"一样，一样！（Ditto, ditto!）"特维德地说道。

语言必须先有人说出来，才能被人听到。因此，完整的叙事地质层再往下，自然就来到了由地壳般坚硬的问题所构成的一层：谁在讲述这个故事？我们听到的是谁的声音？谁是叙述者？

我真希望我们有时间深入挖掘这些谜团，因为它们正是目前我在创作小说过程中最感兴趣的几个问题。不过这次我只想提一点：《休息时间》对第一人称或是第三人称叙述者的选择，并非随意为之。每段叙述采用哪种声音都经过了多角度的考虑。这主要牵涉到叙述者的问题，而不是出于技术性的原因。第一人称能够制造一种直截了当的效果，更贴近主人公；第三人称则能制造一种距离感，给人一种我是旁观者而不是参与者的感觉。两种声音的并峙有助于形成一种复调，一种双重人格，让读者时而置身其中、时而置身事外。相比不使用这种技巧，这样做会让读者更加敏锐地"听到"语言上的变化。[专业评论家肯定知道，热拉尔·热奈特在《叙事话语》中关于"语态（Voice）"的一章里，阐述了小说中涉及这一类元素的主要理念。他从普鲁斯特的作品中探寻了作者采用"故事外叙述"和"异故事叙述"背后的动机。]

时不时有批评的声音说，《休息时间》"过于矫情"。我也同意，有一种可称为缺点的矫情，就是作者未能充分把握好作品的度。如果《休息时间》也属于这种情况，那肯定是缺点无疑。但矫情也分好几种。其中之一是青少年"为赋新词强说愁"的那种"矫情"，就像迪托。他们会模仿自己喜爱的作家，有时会过于浮夸；有时会矫揉造作，过于追求生僻的用词和表达方式。他们还会将不同的语言规约混用。这种矫情对于像迪托这样的男孩来说再正常不过了。任何讲述他故事的作品都无法规避。而找准这种风格，把握他的声音，对我来说很重要。还有一种"矫情"与作品有关，能够引导读者成为作品本身的见证者，让读者注意作品，关注作品本身。而将第一人称和第三人称混用的技巧，以及一些文字技巧，在某种程度上都是为了达到这个目的而设计的。

再往下一层，就会触及一个我认为最难评说的主题，就连我自己也还没有想明白。在这一层，我们不可避免地要面对三大要素之间的关系。这三大要素分别是：通过语言表现的虚构行为，叙述者，以及站在文本之外以本人身份存在的作者。我们还要抛出以下几个问题：作者给这本书带来了什么？这本书给了作者什么？还有就是：我在这本书里处于什么位置？我在这本书里做什么？

从人们对作家生平表现出的超乎寻常的兴趣（往往超越对作品的兴趣）来看，我怀疑有相当多的人会觉得这才是他们最关注的主题。但是，正如我所说，这并不在我们今天的讨论范围之内。因此，我不想再多言，只提一点。有时我会想，我在《休息时间》里所做的事情应该是塑造——或者说重新塑造——我自己的青春，是我多年以后对那段岁月的重新审视。但这种塑造只是试探性的、浅尝辄止的，只能为那些决意要探寻作者生平线索的人提供一点谈资。

现在我们可以从这张图表的纵轴移到横轴，像我之前描述的那样，跟随迪托的脚步，一路游览故事里的风景，寻找各种叙事细节。这些细节像许多支流四散分开，最后又汇聚到一起，共同构成整部小说。

很快地，就在第3页上，我们发现了上文提到过的本书的另一个"表层"——文字元素构成的表层。它们吸引着读者的注意力——让读者关注这部小说作为一本书的特点，注意到这本书是一个由各种符号装点而成、能够传播意义的实际物品。我们发现了摩根用打字机打出来的文件。我们读到了迪托的第一份内心独白。不久我们又看到了海伦的手写信件，以及用斜体或标准体记录的迪托和母亲之间的对话，等等。

开始这场与文字相伴的冒险后，我们接下来读到了关于父与子的故事，关于他们之间的斗争。而引发这场斗争的原因，是青春期的儿子自然萌生出的对于独立的渴望。他的父亲所抱有的家长责任感和爱的意识，在当前的迪托看来却代表着专横与约束。

迪托回到自己的房间，第三人称叙述就此开始。此处涉及人格主体的问题。我们是什么？我们如何知道自己是什么？我们如何让自己成为想要成为的人？我们如何理解——或者说我们如何确切地**了解**——自己的生活？我们观察迪托的房间，通过在属于他的领地里摆放的各种物品，我们看到的就是他眼中的自己。而现在，那些物品令迪托感到怒不可遏，因为那些东西所代表的人已经不是他所认同的自己了，也不是他想成为的人。这段叙事是在探讨存在状态。作为迪托，应该是一种怎样的存在？当他经历生命中的每一件事时，他又是以怎样的状态存在着的呢？

我曾在其他场合尝试解释，《休息时间》与其说是在写事件或人物，不如说是在写存在状态：写一个青春期少年的状态；写一个儿子和一个潜在爱人的状态；写酩酊大醉的状态和一个菜鸟小偷的状态；写成为一个引诱者和被引诱者的状态；等等。就像莎士比亚笔下的喜剧情节通常是整体叙事类型的主导。那么审视每段情节的存在状态，也是本书叙述者注意力焦点的主导，决定了他要选择讲述什么，以及讲述的方式。

所以说，以政治集会为例，我通过语言和文字营造的场景是为了表现迪托在这样一个集会上喝得醉醺醺的状态，而不是为了向读者描述发生了什么事以及为什么，然后再配合几句夹叙夹议的话来阐明意义。后一种手法是（读者型作品）所惯用的。而在我的（作者型作品）讲述中，读者必须参与游戏，自行拼凑各种碎片，领会我在讲述故事的过程中想要表达，但却没有明言的意义。

后来，在充满诱惑氛围的山坡场景中，一共出现了三种叙述视角。各位想必还记得，介绍那段场景的文字被分成了两栏。其中一栏中，两种叙述视角——第一人称和第三人称同时讲话。第三人称——能够让读者退后一步思考的那个声音——负责描述动作，并以标准字体显示。（德语版采用红色印刷体显示，效果不错！）第一人称——迪托自己的声音，则用斜体字表示，用于透露迪托在整件事中的想法。而对面的一栏则全是摘自斯波克博士（Dr. Spock）《年轻人生活与恋爱指南》（*A Young Person's Guide to Life and Love*）一书中的内容。斯波克先是写道，试图用文字描述性行为并无太大意义，因为这是一种情感和两性关系上的而不是动作上的体验。以此为前提，斯波克紧接着对性行为进行了事无巨细的描述。配合着迪托的讲述，这两栏的内容相互穿插，彼此成就喜剧效果。

为了充分理解这个场景，你至少要把它读上三遍。每读一遍——我认为差不多——就会觉得它更加有趣，动作的色情意味就会更少，注意力就会愈发集中在迪托当时的状态上。

不过为了举例，我们偏离了寻找叙事支流的大方向。刚刚，我们在迪托的房间里对他进行了一番观察并开始探索他的性格。随后，通过海伦的手写信件，通过迪托色眯眯地打量海伦充满挑逗意味的照片时以第一人称写就的内心独白，我们又认识了海伦。尽管在摩根的开场白中就有过暗示："我不骗你，莫琳·

宾福德就是个美梦啊！"（可参照上文提到的《爱丽丝镜中奇遇记》）但这才是第一次确切表明，这是关于男孩与女孩、关于他们有可能成为恋人的故事。这段表述的重要性和父与子故事的重要性不相上下。若把两条故事线混合在一起，我们甚至可以为它们贴上"儿子和情人"的新标签，这是对 D. H. 劳伦斯那部同名小说的无意识呼应。这本书塑造了我个人的生活，也塑造了我们那一代，甚至很多代人的生活。

迪托将海伦的形象在脑海中反复思量，并为此感到心烦意乱。随后他又把摩根的形象和海伦的形象摆在一起，再联系自己的形象，联系他房间里的那些物品，对所有这些形象进行了一番研究。由此，迪托串联起几个主要的故事，又在同一时间加上了之前就已有迹象表明、第二天又再次被他想起的一件事。当时迪托正同父亲争吵，他想到了摩根，并重新掂量摩根对他意味着什么——"他的朋友在他身边"。这是关于友谊的故事，男孩与男孩的故事。《在我坟上起舞》将这个故事接了过去并进一步展开。毫无疑问这就是儿子和情人主题的变体。

现在，我们完全可以将本书的故事视为一种对形象的构建，是充满隐喻的虚构。迪托的"文件"，也就是他对摩根的"控诉"给出的答复，提出了有关"现实即形象"的问题。然而纵观全局，也就是跳出文本来看，这其实是介于作者和读者之间的问题：何谓虚构，何谓事实？我们读到的关于迪托的事情有多少是虚构的（也就是谎言），又有多少是"真实的"？如果从超越所谓"事实"与"虚构"的意义上来理解，"虚构"中又有多少真实的成分？由此说来，我们在读完这部小说后，应该对作者与读者、写作与阅读之间的关系进行一番深入的思考。我们该如何看待这两者？我们对这本书做了什么，它又对我们做了什么？

至此，我将本书的网格全部交代清楚了。至少我们按照这样的隐喻读下来就是这么回事。这个文本构成了一个由很多方格组成的网络，就像填字游戏，邀请读者参与其中。例如，我们可以玩"找关联"的游戏。横三竖四：男孩和作为依托的民间故事之间有什么关联，这种关联如何表明各方的身份？横五竖五：迪托的性格和这本书的语言表现之间有什么关联？横二竖二：老套情节和现实形象之间有什么关联？

但是姑且就此打住！打住！这听起来越来越像是在做英语文学的试卷了。尽管如此，网格依然能够令人联想到推测，暗示存在着不同的途径去发现和思考这本书的潜台词。毫无疑问，网格再次凸显本书并非采用简单的线性结构完成。打个比方说，它更希望自己是全息图而非快照，是三维且能移动的，而非平面且静止的。

这本书的隐藏脉络就此介绍完毕。而在我们可以看见的全书架构中，整个故事按照时间顺序分成若干章节，每章都有一个具有指向意义的小标题。所有章节又进一步被划分为四个部分。在我看来，这就如同一出戏剧的四幕，被分别冠以能够暗示主题的副标题。第一幕叫"挑战"，指的是在小说里迪托和摩根、迪托和父亲、海伦和迪托之间相互发起的挑战。但与此同时，也代表作者和读者、迪托和读者之间的挑战，是写作行为和阅读行为之间的较量。而"外出旅行"这一幕的副标题不仅是指迪托离家出走，开始一段摆脱压抑的旅程，也是指读者即将展开的一段阅读之旅。诸如此类，不再赘述。

我在这个四幕剧中安排了 8 处充满戏剧冲突的高潮。这些高光时刻并非平均分布于全书各个部分，因为那样做的话未免因为过于对称而显得单调。事实上它们出现的节奏可以称为"二三一二"模式 [1]，即将一系列事件构成的重头戏放在书的前半部分，以及第 4 个戏剧高潮，也就是第二部分的第 2 个高潮——政治斗殴事件上。这是整个小说中表现叛逆的高光时刻，恰好位于全书内容的中段，发挥着一种枢纽的作用。

在这之后，在霍德家遭遇盗窃事件之前和期间（这部分并没有像政治斗殴事件那样充满"动作戏"），迪托"逐渐恢复了理智"。于是在这本书接下来的内容里，迪托都是在进行一场"欢乐的革命"。在此期间，他"找回初心"，焕发新生，他身上的男孩气质和女孩气质在同海伦达到高潮时得到了统一。而海伦，就是迪托女孩气质的替代者。

我想，各位想必应该会赞同，这并非小说中为表现戏剧张力所惯用的安排。一方面，它需要对读者非常有信心，相信他们乐于看到角色在快乐中完成自我统一，而不会更乐于看到角色处于困惑、分裂和屡遭变故的状态。另一方面，它抛弃了故事讲述者一贯的"英明做法"，即认为最具戏剧性的一幕理应留到结尾揭晓，然后在读者感到厌倦之前迅速化解冲突。而我所做的安排并非是要证明什么创作理论。恰恰相反，这个故事自成一格。我作为作者，既然要呈现这个故事，就要排除干扰，

---

[1]　译者注：钱伯斯所谓的"二三一二"模式，是指如果把《在我坟上起舞》看作一部四幕剧，那么全剧共有 8 个高潮情节。其中，第一幕包含 2 处，第二幕有 3 处，第三幕是 1 处，第四幕是 2 处。所以，下文提到的全剧的第 4 个高潮，就是第二幕的第 2 处。

让故事的真实样态得到充分显露。我在完成草稿之后，才意识到整个故事的架构是如何搭建起来的。

说个题外话。当我说出"呈现这个故事"时，作家创作（authoring）和写手写作（writing）之间的区别也因此得以凸显。身为一名写手，就好比身为一名家具匠或者厨师，或者其他有技艺傍身的手艺人。家具匠要按照预先决定好的设计制作桌椅，让已知客户满意。这样制造出来的东西或美或丑，或匠心独具或粗制滥造。同样地，写手自行选择想要写的故事，进行构思，他们会遵照已知的写作套路，根据销量所体现的客户满意度来判断自己是否成功。这样写出来的东西可能极富可读性，也可能乏善可陈。绝大多数的书、绝大多数的小说，都是以这种方式写出来的。这是一桩值得钦佩、时不时还可以大赚一笔的好买卖。

然而我们决不能将写作与创作混为一谈。作家就像雕塑家。如果他们同样拥有或至少了解写手掌握的那些技巧，可算得上是一种优势。就好比雕塑家也能自如地运用石匠或五金工人的技艺一样，那是长处。然而确实有一些实例证明，某些受人尊敬的经典作家明显缺乏或者说毫不关心所谓的"技艺"。我认为，詹姆斯·乔伊斯就对那种能让故事充满悬念、令读者渴望赶紧知道接下来发生什么的小技巧不屑一顾。坦率地说，D. H. 劳伦斯在故事情节的设计上或许也很随意，有时会在某个场景上着墨过多［被热奈特称为"赘叙（paralepsis）"］。作家往往对那些在"成功"的写手眼中存在重大缺陷的段落不屑一顾。其实这是因为两者的关注点不同。作家的判断标准与畅销书写手赖以生存的标准是不一样的。

写手选中自己想要讲的故事，作家则是被故事所选中。写手从读者的角度审视自己的作品，作家从所讲述的故事的角度审视自己的作品。写手追求经济收益，把作品当作谋生的一种手段，或许还当作一种可以获得各种社会回报的手段，例如声望。而作家，虽不反对经济和社会回报，但他们在文学中寻求的是一种生活方式。写手行使选择权，作家则奉上自己，我们也可以将之称为一种神经质的痴迷。写手**可以**写作，而作家**必须**写作。

罗兰·巴特有一次从另外的角度探讨了作家和写手的问题。他说："作家发挥作用，写手从事活动。"他还建议将这两类人加以区分：一类是写东西的人；另一类是他所谓的"真正的作家"，不写东西而搞**创作**。作家见证了语言的优先地位，认为作品的表现力优先于对主题的陈述。他们是文学成就的见证者。正因为如此，他们无法迁就市场。也正因为如此，我们才不能错误地认为存在某个统一的、可辨识的、在文学上志同道合的"作家"群体。

矛盾的是，以上所述对评估具体书籍并无多大帮助。汉斯-格奥尔格·伽达默尔提醒我们，文本的意义远超作者的掌控范围。有些写手写的东西属于超常发挥，而有些作家的作品却因为乏善可陈而一败涂地。有时候，写手往往看不清自己作品的真正面貌；有时候，作家欠缺足够的技艺，也不具备创作所需的常识；还有些时候，作家会主动降格为写手（通常出于经济需求），但又按捺不住创作出远超预期的作品。我所知道的典型代表是艾伦·加纳的《石书传奇》。据作者亲口承认，一开始编辑只是想让他写一本教材，但最后这本书却成了当时最优秀的儿童文学作品之一。

那为什么还要费力去区分这两者呢？因为这种区别是客观存在的，无论区分和评论起来有多困难；因为这种区别对小说的创作产生了不可否认的影响，而这些影响值得我们关注；因为这种区别再次凸显了一个问题：读者往往会将作家的创作行为误认为是批量生产，将一件件文学雕塑当作桌子看待，因此只会关心那些不成功的桌子。说到底，我想我更多谈论的是读者而不是作者的问题。如果我们都能成为乐于在书中探索各种文本的"作家型读者"，而不是成为"写手型读者"——只想看已知的、轻松的、可以无限重复的那种文本，我们就会成为一个以文学阅读为荣的民族，而不是成为那类只图消遣、思想懒惰的消费者。

关于此前绘制的网格，我想最后补充几句话。有人提醒我它不够充分，有人说它过于夸张，还有人说它会导致读者对如何"处理"这本书形成一种僵化的看法。热奈特对此已有回应："被如此贬低的'网格'并非监禁的手段、使人屈服的刑具，或者阉割人的工具，它代表一种发现的过程，一种描述的方式。"如果我们不能相信读者会为自己发声，那就别指望他们会为自己阅读。我在这里所说的尚未完成的"发现"，只不过是我试着以自己的方式厘清我所认为的已经完成的这部作品。我绘制这样一张图，也是希望它恰能印证各位阅读本书的感受。

时间催迫我不得不往下讲。我也可以为《在我坟上起舞》绘制一份网格图，但我想不必多此一举。接下来还是给大家讲讲，我是如何把《在我坟上起舞》和《休息时间》两篇小说搭配在一起进行阅读的吧。它们关注同样的主题，但在处理方式上却有所区别。

《休息时间》将所有创作活动清清楚楚地展现出来，就像是巴黎蓬皮杜中心的所有内部结构那样一览无余。它写的是异性之爱，是阳刚的、直白的、带有启示性的。而《在我坟上起舞》却将所有创作活动潜藏起来，仿佛隐匿于一幢乔治王时代的建筑墙壁之中，或是藏在地板之下。它写的是同性之爱，是阴柔的、暧昧的、含混的，令人意识到任何事情都不止一面。《休息时间》的读者置身事外，对故事进行观望；《在我坟上起舞》的读者则置身其中，从里向外看。

这两部小说本质上都是兼收并蓄的，是不同讲述方式拼贴的产物：信件、其他小说的摘录、涂鸦、剪报、剧本、具象诗和散文、卡通画、日记、学生随笔、内心独白、脚注、印象主义和表现主义风格、清单，对 B. S. 约翰逊（B. S. Johnson）、库尔特·冯内古特（Kurt Vonnegut）、劳雷尔（Laurel）和哈代（Thomas Hardy）等作品的蹩脚仿写……还有惯用的第一人称和第三人称讲述方式。一种讲述方式总是和另一种相对出现，以求达到某种特定效果。而之所以选择这一种而不是那一种讲述方式，是因为只有其中一种才能解决叙事上的问题。只不过在《休息时间》中，这两种讲述方式是公开呈现的。而在《在我坟上起舞》中绝大多数被内化成主人公的声音以第一人称来表述。对主人公的描述既带有神秘色彩，又具有启示性。书中各处分散着隐藏的信息、未加阐明的线索或经过加密的信息，以及看似是游戏实则是严肃的字谜。

还有一个明显的区别就是两本书对性行为的处理方式。在《休息时间》中，迪托的性体验是有明确记叙的；事实上，书中一个关键场景，山坡上的引诱事件，就涉及如何"讲述"性行为的问题，既要传达整个行为的完整性，又不能带有淫荡或色情意味。而《在我坟上起舞》只是提到了哈尔和巴里有过性行为，你知道那些事确实发生过，但书中从未提过只字片语。不过，任何追寻线索而来的人都能准确拼凑出到底发生了什么。

《在我坟上起舞》，在形式和内容上使用的招数包括：

一语多义：在语言上，在性格上，在动机上。

矛盾并存：喜剧与正剧，男性与女性，强势与弱势，公开与隐藏。

具有象征意义的形象：通过写实的物品和事件加以呈现，如海洋、镜子、摩托车、头盔、各种各样的衣服、各种着装代表的意思、图片、礼物。在这些象征性事件中，最详细展开描述的就是第二部分从第29段到第37段对于车手持续的、跟踪式的描述。顺带提一句，此场景的原始素材来自卡尔·荣格在《人及其象征》（*Man and His Symbols*）中描述和分析过的一个有关成熟的梦。

讲述经历的方式：最后这点是统领和组织全书架构的重要特点之一。毫无疑问，这是一本有关执迷的小说。执迷于理想的友谊形象，执迷于不确定的文字含义，执迷于不确定的死亡含义，执迷于我们将各种形象集于一身所构成的自我——即"塑造自我"——以成为我们所认同的自己。最重要的是，我们更执迷于讲述经历，出于迫切而普遍存在的渴望，想把发生在我们身上的事情用语言表达出来。

这种"讲述"本身就是一个"故事里的故事"。我个人坚定地认为，经历并不会让我们改变，尽管人们时常这样以为。让我们改变的是讲述经历时的那些故事。我们最初并不能意识到以往经历的真正意义，也无法对此展开深入思考，直到我们用构成故事的话语重新将过去的生活组合起来。在那之前，所有意义还只是未开化的某种混沌感知。只有把生活的素材变成故事——将其纳入被我们称之为"叙事"的语言模式之中——这些未开化的混沌感知才能被创造性地转化，才能被赋予意义。改变我们的是"讲故事"这个行为，而非事件本身。我则将自己的这种理解融入《在我坟上起舞》——哈尔正是通过记叙他的故事，逐渐理解了自己与巴里·戈曼的那段经历。

令哈尔纠结不已的问题包括：我该如何把过去发生的事情讲出来才能让人理解？我该如何讲述那些事情，既能真实地描述当时的情况，又能真实地反映现在的状态？曾经如何变成现在？该如何理解对过去的记忆？整本书都是哈尔对记忆的再次回顾，都是关于他的记忆和记忆所产生的影响。正因为如此，他讲述的每一个场景都是在**当下**对过去回忆的重新发现。（当然，如果我能读完《追忆似水年华》的话，这种手法的最佳范本当属普鲁斯特讲述的关于小马塞尔的故事。）

究竟要怎么办？有多种叙事手法可以解决这些问题。我在此仅举一例加以阐述。此外，这个例子也能证明我刚刚所说的现象：作家利用写手掌握的写作技巧，满足自己的创作冲动。

这种手法是电视节目惯用的技巧，特别是体育节目——也就是那些令人热血沸腾的"现场赛事转播"——这种手法叫作"动作回放"。

足球比赛正如火如荼地进行着，观众却能看到几秒钟前进球的动作回放。回放通常是慢镜头，以便让大家看清这个进球是否越位，或者某个球员是否犯规。而裁判此时或许还在和场上球员就这一点争论不休。在慢镜头回放的同时，幕后解说员会以旁白的方式点评这粒进球。换言之，他们会为我们回顾这粒进球的意义和重要性。解说员扮演着叙述者的角色。当然，如果节目制片人愿意，还可以使用分屏功能。电视屏幕上会有一小块地方显示动作回放，同时继续转播正在进行的比赛（裁判与球员争论，然后比赛重新开始）。如果是这样的话，我们就能同时观看比赛的实时进展——比赛中正在发生的事情，以及进球的历史时刻——刚刚过去的比赛情景的再现。而当我们把这两个时间尺度放在一起观看，同时耳朵听到解说员实时评论比赛进程的时候，我们对比赛的感受也会不一样，对比赛真实现状的观感也会随着比赛的不断推进而发生变化。和现场看球的观众相比，我们观看比赛的方式不同，对比赛的看法也不会相同，因为后者并不能像我们这样观看比赛。

我不知道想清楚这一切带给我的巨大震撼是否能让在座的各位感同身受。无论如何，我希望通过这种叙事手段，在读者中引起那种在我看来等同于电视回放产生的效果。更何况，小说本就是一种容易让人沉思的媒介。小说让你有时间思考。而电视，作为一种本质上短暂而肤浅的媒介，却不能做到这一点。

《在我坟上起舞》的开篇，哈尔回忆起了自己单手划船而导致翻船的事。巴里·戈曼救了他，还成了他的朋友。这个场景是全书的重头戏：不仅为哈尔当时的整个状态确定了基调，更具有重要的象征意义。仅仅通过描述翻船场景，就将情节、动作和事件的重点全盘交代清楚了。假使把哈尔回想整件事的场合再往后推迟一些——比方说，变成当晚哈尔躺在床上回想起这一切——就会偏离故事本身的性质。而且还没等哈尔回顾这件事，读者就又会读到其他事件。然而，若想真正理解随后发生的事件的意义，又依赖于读者对翻船事件的充分理解。因此，我在介绍完翻船事件之后，紧接着便来了一出"动作回放"。哈尔的记忆通过文字在他的脑中闪回，就像观看电视节目那样。读者读到的是配有点评的慢动作画面，读者一边了解所发生的情况，一边在深入思考这些事。

随后，在哈尔卷入街头斗殴的场景中，我又再次使用了慢动作技巧。（这个场景和《休息时间》中迪托被人一拳打在脸上的场景相互呼应。只是我在后者的处理上与前者恰恰相反，我采用了漫画中惯用的"快动作"呈现形式，且没有任何解说。）这个场景的重点不是与一群骑着车的人互殴，不是接下来会发生什么或者整段情节中的动作元素，而是打斗中的人物状态。对我来说，动作一旦放慢——可以想象从摄像机镜头中看去的样子——就可以逐字逐句地呈现这个事件。慢动作的描述为画外点评留足了时间，这是快动作描述无法做到的。这样做会令整个场景在基调上既滑稽，又引人深思，而不会像低俗小说那样，只能用短暂的刺激令人产生如同冒险般的兴奋感。

我知道我已经多次提到"深入思考"这个字眼。这是因为，对我来说，所有的阅读都是一种深入的思考。写作只是这项仪式的一部分。我写作是为了去阅读，为了思考我所写的东西。深入思考对我意义重大，因为只有通过深入思考我才能认识自己。有人会说，我这样的表述会赋予文学阅读一抹宗教色彩。我不会和你争辩。对我来说的确如此。也许有一天我会专门写一篇论文来阐述深入思考的意义，但现在还不是时候。只是《休息时间》和《在我坟上起舞》指引我注意到了这个想法。当然，我在创作它们的时候并没有意识到这一点，而如今我再读下面这句话时却会感到好笑。哈尔的老师吉姆·奥斯本（Jim Osborn）对他说："如果你再这样下去，就快信教了，你懂的，对吗？"有时候，你的书已经知道你要去往何处，或者知道它们会带你去往何处。在你自己意识到这一点之前，书早就知道了。

我所写的东西，无论是虚构的小说还是批评文章，没有任何一篇是为了写而写的，也永远不算终结。其中没有任何一篇是独立存在的，也没有任何一篇可以称得上圆满。我希望并且相信，我写的所有东西都属于一个没有终点的连续体。这也可以作为本次演讲最好的结束语。

第八章

从事儿童文学教育的几点感悟

Teaching Children's Literature

本文分为上下两部分，刊载于 1979 年 10 月和 12 月《号角杂志》"来自英格兰的信"专栏。

*

I

近 10 年来，我一直在给中小学文学实践课教师授课。眼看这项工作已做了 10 个年头，各方都忍不住想要好好总结一番。我也萌生出一种紧迫感，渴望回顾这 10 年的工作进展。我不能说自己得出了任何足以震惊学界的结论，但是，随着面向成年人的儿童文学教育和儿童文学教育方法愈发受到学术界的关注，我们都认为目前或许确有必要分享一些经验，哪怕是再微不足道的经验，也能帮助彼此避免很多错误。因此，请允许我略带忐忑地，与大家分享我个人的一些教学记录。

在我开始之前，或许应该先介绍一下我的经验所依附的具体背景，以便各位视情况采纳我所汇报的经验，并评估其价值。如各位所知，我现在是一名全职作家和图书编辑，因此我的教学工作是兼职，通常利用晚间讲课。每年大概 26 周的时间里，我会每周与二三十位教师碰面一次，每次授课时长两个半小时。每期课程结束时会有考试。顺利考过的教师将获得布里斯托尔大学教育学院颁发的行业认可证书。我还会不时讲授为期一天的短期课程，或者 5 到 10 周一期的课程，主要是为帮助刚刚接触这个领域的教师胜任更高要求的工作。此外，我还经常受邀担任演讲嘉宾，在各类研讨会、会议上主持讲座。

自始至终，我的基本目标从未改变：努力帮助成年人建立文学知识体系，以便他们更好地向儿童传授这些知识；加强成年人对文学批评的理解，提高他们在阅读行为发生期间的鉴赏力；帮助成年人掌握更多技巧，将儿童和书籍结合在一起，更好地开展面向少年儿童的文学教育。

接下来就谈谈我的教学笔记。首先，我关注到一个令我愈发感到担忧的情况：**教师往往照搬自己受教育时的教学方法，并且将自己在课堂上读过的书原封不动地教给学生。**有一个案例直到现在仍令我倍感煎熬：就在几周前，我在班上学员的要求下主持了一次关于诗歌与儿童的教学讨论，并仔细研读了特德·休斯的诗作《我看到一只熊》（I See a Bear）。教师们问我，对于比较深奥的诗歌，您是如何处理的？又该如何帮助儿童读懂这样的诗？于是那堂课变成了一次较为正式的经验交流课，一方是作为导师的我，另一方是充满疑惑的学员。那次谈话并不在我的教学计划里，属于即兴交流——但我的失误正在于此，我未能确保大家以恰当的方式理解这堂课的成果。结果第二天——（我后来才知道）有五六个学员带着《我看到一只熊》走进了教室。据我所知，他们给一群 9 到 10 岁的孩子上了一堂完全照搬头一天内容的课。

为学生选择这首诗本身并没有错（事实上，这是很棒的选择）；教学生如何处理一篇看起来棘手的文章，通过掌握正确的"阅读"方法来读懂它，也没有错。但令人担忧的是，他们显然没有尝试寻找一种更符合学生需求的语言模式，而是照搬了我所采用的非常正式的教学方法。因为我们的课效果良好，于是他们就想当然地认为若想在学生身上达到同等效果，就必须丝毫不差地沿用相同的方法，照搬相同的内容。

我想，发生这种情况其实并不值得大惊小怪。手艺人学习技术靠的是代代相传，而教学在很大程度上也属于一门手艺；很自然地，当教师看到同行的方法取得了不错的效果时，就会纷纷效仿。遗憾的是，教学的技巧之一就在于要了解哪些技巧对目标群体最有效。事实上，你可以在任何时间教给任何人任何东西；但对于特定时间、特定人群，你也必须找到适合他们的特定方法。

然而，教师在教学工作中出于本能采用自己学习时的教学方法和教学材料，就意味着：**我们必须寻找能够统一成人和儿童教学的方法和文学素材**。我并不是说永远不能使用正式的学术讲座，或者我们应该像对待孩子一样对待成年人。绝对不应如此。通过研究，我得出了一条非常实用的经验法则：**在尽可能的情况下，教师在自己作为学员的场合，应当原封不动地体验自己为学生安排的学习任务。**

举个简单的例子，许多教师为了让学生成为忠实而热心的文学读者，会给学生布置两项任务：每周利用课余时间至少读一本书；然后写一份带注解的简短读后感来阐述自己的观点。这项任务有其值得尊重的理由，只是听起来容易，做起来难。于是我在任何一门持续数周的课程中，也会给上课的教师布置同样的作业：不仅要阅读儿童读物（阅读儿童读物是教师的一项专业责任，尽管这可能是一种享受，但绝不等同于消遣式的阅读），而且还要阅读成人读物。

通常的结果是：没过多久大家就发现，撰写带注释的读后感真是太难了，尽管这样做大有裨益。我们还发现，即便动力十足，每周阅读大量文学作品依然是一项艰巨的任务。不仅如此，我们意识到，如果没有支持者相互陪伴，共同探讨读过的内容，那么所有的努力很快就会变成一件苦差事。这些教师从亲身体验中得来的关于教学方法的认知，远比任何理论探讨所能得到的更多；对于定期阅读并撰写报告这项任务，教师们现在也更能理解学生的感受。

接着最后一点说——探讨文学，一边读书一边交流想法和感受，是所有文学教学活动的核心。然而我不得不说，我发现这恰恰是所有课堂教学工作中最不得要领的部分——无论是对教师还是对学生来说都是如此。

在我看来，课堂讨论的效果取决于两个相互关联的因素。我们带着批判的立场，也就是业已形成的文学偏好参与讨论。由此可以预见讨论的走向。举个例子：如果我们相信一篇文本对应一种正确的解读，就会倾向于把讨论引向一种非对即错的方向，使其成为一场"苏格拉底式"的对话。在这场对话中，老师掌握大部分正确答案，而学生则试图命中答案。这个游戏的重点是"猜猜看老师在想什么"，大多数西方教育实践正是为这种游戏所主导。任何学生，只要对文本的解读与老师的解读大相径庭，就会发现自己的努力遭到了漠视。

我在其他文章中曾写道，阅读等同于签订契约，将作者、书籍和读者串联到一起。但是最近，沃尔夫冈·伊瑟尔在他的新作《阅读活动》（*The Act of Reading*）中所做的出色工作为我们开辟了必要的道路，令我们有望找到比传统文学教学手段更好、更能体现教育效果的阅读教学策略。

我们首先要阐明：教师在文学讨论中所处的位置。他／她必须始终扮演主导者的角色，通常是一位比团队其他成员拥有更多文学经验的人；但他／她同时也必须是一个读者——和其他人一样——所有人对这本书都拥有正当的解读权，并且所有解读都应当受到重视。作为主导者，教师必须帮助每个人恰如其分地认识他／她所读的书。于是，大家最终对这本书的理解其实包含了每个人的解读——甚至包含作者的解读——这样的解读才是最全面的解读。

这种讨论不是苏格拉底式的诘问，而是一种参与式的对话，一种探索和分享；这是一种富有创造力的活动，让彼此都更加丰富。这种活动是真正的等比放大，从来都不需要寻找最小公分母。恰恰相反，如果运用得当，参与者将通过这一活动获得更高的共同成就。这正是人类民主行动的一个范例——因为文学恰好就是人类经验的记录。

在这个活动中，教学的意义在于辅助教师发挥主导作用。教师提供修辞技巧的知识（学生通过实践来学习），并且必须知道如何将对话内容转换成某种有条理的自动模式，从而揭示学生反应的潜在动作。简而言之，教师的教学技巧体现在能将学生表达的反馈与文学艺术、文学造诣甚至文学所体现的哲学问题联系起来，让学生了解自己和其他人正处于什么位置，以及文学将带他／她前往何处。教师负责提高学生的文学意识，是专业知识的贡献者，是更多参考资料的指引者，是将不同的甚至是针锋相对的评价尽量融合的促成者。

换句话说：**在小组活动中，让教师学员作为团队的一分子参与探讨文学文本或教学问题，是一种效果极佳的教学推动力和教学策略。这个活动任何时候都必须有人主导；但另一方面，**

这个主导者的位置如果时不时由学员担任，或许更有助益。最近的一个例子恰好证实了这种方法的有效性。这是一个为期 6 个月的小组课程，共有 9 名教师参加，结果令人鼓舞。在这些教师的主导下，大家对儿童文学阅读的反馈进行研究，希望能从中有所发现，尤其是关于如何改善教学效果的发现。几个星期过去了，在我这个旁观导师看来，他们的研究可谓困难重重。（我真想直接介入，控制局面，点明方向，但无论如何我控制住了这种冲动。）学员们通读了他们所能找到的关于阅读反馈的全部资料，（似乎是没完没了地）讨论了各自读过的书。最后，他们终于决定所有人都尝试给学生推荐同一本书：弗洛伦斯·帕里·海德的《不停缩小的特里霍恩》。他们将各种便携设备记录下来的反馈证据整合在一起，包括手工艺品、录音和文字，并为这些内容共同撰写了引言和结束语。

　　课程最后，我要求每位老师写一篇 500 字的课程总结。令我又惊又喜的是，他们在一些问题上达成了一致意见。比如以下这些节选内容就很有代表性：

　　整个课程让我重新审视儿童读物——关于什么才是推荐书籍的最佳方式；教师在推荐一本具体的书时应该如何摆正期望；如何利用儿童的阅读反馈，鼓励他们开展进一步的阅读，激发他们对文学更深层的兴趣。

　　引言和结束语是大家共同完成的。可以说整个过程相当不易，甚至算得上是一种折磨，但我们却乐在其中……它也让我重新审视课堂小组活动——我认为只要有合适的条件，这种方式能发挥很大作用。

这项小组作业……改变了我的态度，让我了解到什么才是配得上"最好的书"的"最好的反馈"。

作为他们的导师，我认为这项小组作业最难能可贵之处，并不是他们发现了阅读反馈或者教学上的"新大陆"——当然这些发现确实很有价值，而是发现的过程给他们带来的收获。我们所能学到的最有价值的东西来自过程，而非来自课程内容本身。

II

在我刚开始兼职做儿童文学导师的时候，曾犯过一个严重的错误——那时的我忽略了成人的文学作品。当然，我确实也曾提及其中的一些，比如，在英国一提起威廉·戈尔丁的《蝇王》或者乔治·奥威尔的《动物庄园》（*Animal Farm*），几乎人人都会颔首，因为这些内容经常出现在考试题里。但我从未想过，要把成人文学中对童年和童年主题的处理，和儿童文学中的处理手法联系起来。

我希望现在自己多少有所长进。我经常将诸如威廉·特雷弗（William Trevor）的《戴默思的孩子们》（*The Children of Dynmouth*）和苏珊·希尔（Susan Hill）的《我是城堡之王》（*I'm the King of the Castle*）这样的作品列为研究对象，用以探讨作家在小说中塑造儿童形象的方式，我还会通过对不同作品的对比凸显儿童文学作家的优缺点。比如约翰·福尔斯（John

Fowles）的作品《丹尼尔·马丁》的开篇，与艾伦·加纳的《石书传奇》"四部曲"的第三卷《艾默之门》就有着惊人的相似之处。

接下来是叙事技巧的问题。只需稍微读一读 B. S. 约翰逊、詹姆斯·乔伊斯、唐纳德·巴塞尔姆（Donald Barthelme）和库尔特·冯内古特的作品，即使没有别的帮助，也能看出相当多的儿童文学作家在技巧上存在着很大的局限性，而少数作家却掌握着极其丰富和娴熟的技巧。

目前我的课程已逐渐形成一套指导思想。其中之一就是：**每名教师学员都要在自己的阅读书目中包含一定比例的成人文学**。在我的课上，我们讨论新书，有意将各种儿童文学作品和成人文学作品进行对比。然而我们这样做，并不仅仅是因为两者之间可能会有令人激动的关联，更重要的是，如果忽视了经典文学作品，只会导致对儿童文学的片面理解。这种理解缺乏文学文化的背景。显然，只读儿童文学作品的人，观点是扭曲的。他们倾向于高估那种循规蹈矩的写作方式，而对勇于创新的作品抱有误解，比如《石书传奇》四部曲，以及以漫画作为伪装的小说——雷蒙德·布里格斯的《方格菌》。

归根结底，文学作品必须被视为一个整体，而不是被关在一个个防水隔间里。事实上，文学是由各自独立的书组成的。最好的情况是，这些书随时向所有人开放。当然，根据我的经验，那些对儿童文学最感兴趣的人，同时也是热衷于阅读和思考成人文学的人。我看到，鼓励教师广泛阅读这两类作品的效果是显著的。因此我非常确信：儿童文学课程如果忽视拓展和深化，必将造成一部分重要内容的缺失。

在某种程度上，同理可证：如果儿童文学专业的学生没有机会也没人鼓励他们多创作一些儿童故事、诗歌和戏剧，他们的能力也是不全面的。在创作这些作品的过程中，他们能够从作者的角度——在实践层面而非理论与批评层面——发现儿童作家所面临的最紧迫的艺术和技术性问题。这样的理解有助于我们开展儿童文学批评与教学：进一步了解应探寻哪些文学问题，以及如何评价作者针对这些问题给出的解决方案；在我们将文学介绍给儿童的同时，我们会以另一种方式领悟文学本身的需求。当然，我们帮助儿童阅读具体作品的时候，需要有针对性的处理方式。而一位优秀的教师一定了解这一点，并且能够分辨这些需求究竟是什么。

写故事最重要的是"写"这个行为本身，而不是总想着出版。我并非是要将这些教师学员培养成作家，只是想帮助他们发现作者可能面临的问题。我给他们的建议是，坚持为儿童进行文学创作，这一定会让他们成为掌握娴熟技巧的儿童文学读者，成为更富有同理心的教师——帮助他们像理解儿童一样理解儿童文学。

因为我的导师工作是兼职的，并没有固定的授课地点，所以我可能在任何地方与这些教师见面。大多数情况下，这意味着上课的教室无法提供读者需要的一切东西——这让我得到了另一个教训，与我此前提到过的类似——我曾说，教师往往照搬自己受教育时的教学方法，并且会将自己在课堂上读过的书原封不动地教给学生。同样地，教师也倾向于照搬自己学习时的阅读环境。

因此最理想的情况是（我自己实现这一目标的努力可以说完全失败），**想要将儿童培养成真正的阅读者，我们用来阅读的房间和环境就必须符合我们所了解的儿童的需求。**这就是说，屋内应该有大量的、类型多样的、便于浏览和取阅的文学作品。这些书应当被码放在书架上，而且陈列方式要能吸引读者的目光。屋内还应该有与文学相关的物品：海报；打印机硬件模型；儿童和成年人的阅读反馈和成果，包括绘画、模型、文字作品。此外，还要有舒适的地方可以坐下来阅读或写作。

每次课程刚开始的时候，都应该关注阅读的环境，充分介绍和讨论其中涉及的所有元素，包括我上文提到的内容，以及阅览时间、阅读时间、大声朗读等话题。课程接下来的时间则要帮助教师学员在各自的学校打造一个理想的阅读环境。

这就引出了我要说的最后一点。10 年的儿童文学教学经验明白无误地告诉我：就儿童和文学而言，文学作品本身以及文学批评的方法，都不能回避思考如何促使文学走向儿童这一问题。换句话说，**任何具有普适性的儿童文学批评理论，都必须就如何帮助儿童阅读文学作品这一问题展开批判性探索。**

事实上，研究阅读行为本身是任何研究儿童和书籍的人的基本工作。也难怪在最近一次为期 5 周的美国之旅中，我懊恼地发现，在美国，正如在我的国家，文学研究、阅读行为研究和儿童文学研究并未被视为同一项研究，而是被视为三项研究——并且似乎从未有人想过有将这三项研究结合到一起的必要。

未来几年，一旦儿童文学被专业学者制度化，一旦这三个原本相互关联的领域被分隔开，那将是我们所有人的巨大不幸。

这就是为何目前我要在自己开办的小型教学活动中设计出这套体现以下特色的一年期课程的原因。

1. 以打好阅读基础为主要授课内容。包括：了解儿童文学基础知识；阅读一定比例的成人文学，这一部分的重要性仅次于前者；阅读一些重要的批评文本，主要涉及修辞批评理论和阅读现象学。

2. 每个教师学员都必须根据自己读过的书，写一篇带注释的简短读后感，同时从专业角度和个人角度进行解读。

3. 要求每人写一篇专题文章——以传统批评理论作为指引，研究一本书、一位作者或者某个系列的作品。鼓励每个人尝试创作儿童故事、诗歌或戏剧，并以此为原始素材探讨叙事问题。

4. 以研讨会和小组活动的形式探索三大主题：将阅读行为视作一种现象学事件；将批评行为视作一种修辞研究活动；将面向儿童推介文学作品的行为视作一种教学法的关键绩效指标。在我的课上，这三大主题相互交织，是同一专门学科领域的不同面向。

我不知道，再过 10 年，我是否会修改这些目前言之凿凿的结论，是否会在回顾它们时因发现其中有所缺漏而感到好笑；就像此时此刻的我，回忆起 10 年前刚开始这份工作时的样子，也不禁哑然失笑。

第九章

谁是书真正的主人？

Whose Book is it Anyway?

1983 年 8 月，国际儿童读物联盟澳大利亚分会会议在悉尼大学举行。本文是我在会上三篇演讲稿中的第三篇。会议主题为"改变面孔：E 时代的故事与儿童"（Changing Faces: Story and Children in an Electronic Age）；其他嘉宾谈到了电视和电脑与儿童阅读的关系等问题。我的这篇演讲稿是在大会最后一次会议上发表的。之所以把它安排在这里，是因为本文介绍了当前我们对于现代批评理论与儿童读物之间关系演进过程的理解。

*

　　在本次会议即将闭幕之际，我想谈的内容可以归纳为以下几个关键词："错误""健忘"与"厌倦"。同时，我想强调"游戏性""碎片化"和"困惑"。如果还有时间，最后我想提一提文学关联性的问题，并给试图挖掘文学宝藏的人提供一些建议。换句话说，我想谈谈阅读的尾声。

　　我认为阅读是一出"三幕剧"。第一幕的主题是选择：选择读什么，在哪里读，什么时候读。第二幕的主题是如何阅读：阅读我们遴选的内容，是一场需要我们在相当长一段时间内收敛心性、埋头于书中，甚至不惜与社会对着干的行为表演。第三幕的主题则是重建。

　　我想谈的是第三幕。有时，这一幕会把自己伪装成一出独幕剧。参与这一幕表演的人，会受到众人的瞩目。他们获得的荣誉、金钱和地位，往往比剧本创作者还要多，尽管剧本才是这一幕的基础。一旦发生这种情况，一旦第三幕变成了独幕剧，我们便称之为"批评"（criticism）。但如果它还不够资格被称为"独幕剧"，或者说，当我们只愿屈尊承认有人在其中扮演了一些角色，那我们则会简单地把这一幕称为"回应"（response）。所以，为避免产生误解，我决定把第三幕称为"重建"（Reconstruction）。我想由此表达的意思是：重造、重构、重组。我会通过几个由孩子演绎的"重建"小故事，来阐述我对第三幕剧的看法。

第一个故事叫作"一群参加 A-level 考试的高中生"。故事发生在英国一个小镇上的中学里；人物是一群 17 岁的男女高中生，他们一共有 8 个人。他们刚刚开始学习为期两年、一共 6 个学期的 A-level 课程。现在是第一学期。期末的时候他们要参加作为大学入学考试的"英国文学课程"A-level 考试。他们原本打算一到校就立即开始学习必考作品，包括莎士比亚的《李尔王》（*King Lear*），或许还有托马斯·哈代的《卡斯特桥市长》（*The Mayor of Casterbridge*）和特德·休斯的诗歌。

然而他们的老师——一位充满活力的年轻女老师，却将大约 20 本儿童绘本摆在了他们面前，其中既有佩特·哈群斯（Pat Hutchins）的《母鸡萝丝去散步》（*Rosie's Walk*），又有雷蒙德·布里格斯的《方格菌》。她让学生好好看看这些书，读一读，再进行讨论；如果他们愿意，还可以提前记下想要讨论的要点。但一定要注意，在阅读的过程中关注自己的想法、感受以及记住了些什么。

大家的直接反应是惊惧。老师理应带着他们过一遍莎士比亚、哈代和休斯的必考点才对，结果现在却让他们研读小宝宝才看的书，她到底在想什么呢？但她要求学生信任她，照她说的做，还信誓旦旦地说，他们很快就能发现绘本和莎士比亚考点之间的关联。第一节课，学生的感受逐渐从惊惧变成惊讶，从他们专心致志的神态中不难看出，他们已被这些作品深深吸引。此时此刻，绘本显然并非儿童的专属读物，因为它们的内容极其复杂。学生们把能够体现这些复杂性的地方一一指出来，并接二连三地说出能够印证文字与图片相互呼应的种种细节，可以有不同的解读、并未明示的暗含意义，以及各种指向复杂图案、结构和观点的视觉和文字线索。

开学后的第一周，这样的阅读课上了一节又一节。指定书目也读了一本又一本。安东尼·布朗的《汉赛尔与格莱特》成为每个人的必读书目，并引发了大量关于赞同和分歧的讨论。大家争辩不同解读方式的"正确性"，以及布朗作品中的配图。桑达克的《在那遥远的地方》也是必读书目。一个学生说这本书完全不适合儿童阅读，明显是因为文中对性持有的立场令人不安。（老师暗自发笑，学生在课堂上高谈阔论的那些"新观点"，其实早在成年人之间引发过同样激烈的探讨。）

学生们很快就认清了这样一个事实：这里的每一本书，无论初看上去多么简单，其实都蕴含着不止一种解读方式。正如弗兰克·克莫德（Frank Kermode）在《小说随笔（1971—1982）》（*Essays on Fiction 1971–82*）中所说的那样，"再也不存在所谓唯一正确的解读了"。即便是在读《母鸡萝丝去散步》的时候，学生也意识到，对于萝丝究竟是不是从头到尾都很清楚有一只狐狸一直在跟着自己，还是说她对此全不知情，并不能给出一个唯一确定的答案。谁才是该被笑话的人？母鸡还是狐狸？不难体会——从那些插图就能看出——在这个（顺便提一句，这是一本形式控制内容的书）故事里，两种解读不仅都是可能的，而且都是很有必要的。

于是，这群 17 岁的学生重新捧起这些通常用来帮助四五岁儿童学习阅读的优秀作品。他们很快发现：批评的目的并非是要寻找错误、判断对错，永远没有什么确定无疑的解读，只存在更多解读。在某种程度上，所有解读的目的都是：一方面揭示读者自己，一方面揭示这个虚构的故事（我们将其称为"**文本**"）所包含的模式。

因为这段经历，这位老师后来可以这样回顾说，在她的第一堂 A-level 文学课上，大家并没有纠结于这种问题："你怎么知道后人对莎士比亚的解读就是莎士比亚想要表达的意思？"而是一上来就直接研究作品语言的呈现模式所能提供的多种解读。学生通过实践而不是通过老师的指导，真正领悟了乔纳森·卡勒（Jonathan Culler）根据雅克·德里达（Jacques Derrida）的思想总结出来的一个真理。卡勒在他的著作《论解构》（*On Deconstruction*）中表明：

没有什么东西是不能放进文学作品里的；没有什么模式或者说确定方式是在文学作品里绝对看不到的。阅读文本……因为文学需要时刻保持关注，即便是表面上看起来最不起眼的特征。文学分析不能打着某些限定性话语实践规则的旗号，去排除结构和意义的可能性。

最重要的是，这些学生亲自体验了一番巴特所宣称的"读者的诞生应以作者的死亡为代价来换取"；或者，正如汉斯-格奥尔格·伽达默尔所说："并非偶尔，而是一向如此：文本的意义远非作者所能掌控。"[1]

"一群参加 A-level 考试的高中生"的故事并未就此结束。那个项目是我所观察到的最具启发性的阅读与教学项目之一。它说明，如果中学和大学的教师、教授能够在教学中充分利用自己探讨文学理论时经常阐述的观点，或许能带来极富创造力的良好效果。

今天的第二个故事叫作"容易忘事的男孩"。这个故事很短。请见谅，故事里提到了鄙人的一本小说。就在我离家来这里之前的某一天，我去了一所小学，找到一些 10 岁的孩子，以便为我的小说《你的礼物呢》（*The Present Takers*）搜集素材。（我需要了解一些基本信息，比如：10 岁女孩的书包里会装什么？一个女孩欺凌同学的时候说过的最伤人的话是什么？对于这类事情我一向非常坚持！）我的这群小助手之前就读过本书的预出版内容，我也想听一听他们的意见。当老师在班上为孩子们大声朗读完这个故事之后，一个叫罗伯特的男孩突然问道："最后，米兰妮·普罗瑟（欺凌者）为什么不用安格斯（想帮露西的同学）给露西（主角）的纸条来勒索露西，最后反而被露西和安格斯好好教训了一番？"我还没来得及开口，马上就有人喊道："因为米兰妮根本没用那些纸条，笨蛋！她把纸条还给了露西，而露西把它们扔进了臭水沟，记得吗？"

---

[1] 作者注：参见汉斯-格奥尔格·伽达默尔的《真理与方法》。

罗伯特羞红了脸，随即声称老师读这段故事的时候他肯定不在。然后他说："哦，我现在想起来了。"接下来，我们继续讨论安格斯的纸条，讨论在上课时私传纸条，讨论敲诈，讨论为什么露西要把纸条扔进臭水沟，讨论饱受欺负的受害者们团结一致、在众目睽睽之下见证"小霸王"最终一败涂地，最后我们还讨论了为什么写作和说话不一样、哪里不一样。事实上，罗伯特的容易忘事促使我们深入了这本书的核心，让我们以原本没有想到的方式探索了这个故事。他的容易忘事引发了一场有针对性的批评讨论。除此之外，他的问题还提出了另一种可能的情节模式，另一种"如果……怎么办？"。这样就会打乱整本书一直遵循的主题脉络；就会，我的意思是，产生不同的叙事结果。有时，尝试一下另一种可能性，能帮助我们更好地理解作者的版本。

这样做在各位看来很正常。但是通常会发生什么呢？这个故事其实从一个方面证实了通常会发生的情况：罗伯特提出疑问时无意间暴露了自己的健忘，全班同学立刻不假思索地嘲笑他。罗伯特脸红了，他肯定认为这是自己的错，而且努力寻找借口（他不在教室里）来为自己开脱。接下来他又试图通过宣称自己"想起来了"重新掌握主动权，就好像恢复对这段信息的记忆可以挽回他在同学们眼中的形象一样。换句话说，他最后成功通过"想起来了"为自己找到了台阶。或许他是在逃避给出答案，因为他当时确实不在，只是假装自己记得。毕竟一开始记错了信息而后又宣称自己想起来了，总好过从一开始就没听见这个信息。听见了，忘记了，又记起来了，总比什么都没听见要好。

如果这与各位的经验相符，就请大家和我一起思考：为什么会这样。原因有两个。首先，我们的教育体系非常重视记忆，把记忆作为一种脑力和性格测试，以至于容易忘事被当成缺点，而记住比不知道更有价值。我们时常看到人们谎称自己知道一些以前从未听说过的事情。顺带提一句，电子产品从某个方面来说就是记忆存储器，能够以超越任何常人的速度提取记忆内容。这类产品将永远改变我们对事实记忆的态度，让记忆力欠缺的人与记忆力超强的人平起平坐。

　　其次，阅读文学作品时，遗忘至关重要。我们的大脑利用遗忘功能，会将一时间难以消化的文本内容暂且搁置，或者把那些处理起来最得心应手的内容单独挑出来予以强调。罗伯特的问题相当于一条铰链。他的大脑通过这条铰链使他不再"排斥"与惩罚有关的含义，转而开始注意到这些问题的存在。毕竟，记忆和遗忘相伴相生。不仅如此，如果我们无时无刻都能记住一个故事的所有内容，那么用不了多久我们就会身心疲惫，很快就将油尽灯枯，变得毫无生气。在阅读的过程中（包括阅读行为本身和思想领域的读后重建），**文本**始终在**生成中**，永远不可能最终"完成"。巴特在《S/Z》这本书中告诉我们："不用为忘记意义而感到抱歉，那不是表现上的缺憾；而是一种值得肯定的价值，它恰恰证明了文本无须承担责任，肯定了系统的多元性。"他补充说，"正是因为会遗忘，我才需要阅读。"

　　在"一群参加 A-level 考试的高中生"和"容易忘事的男孩"这两则故事中，除了我已经介绍过的特点，还有其他值得我们关注的东西。在每个故事里，读者都描述了自己阅读过程中发生的事，也就是讲述了关于阅读的故事。参加 A-level 考试的这群学生甚至一边看绘本，一边高声讨论，就像电视里的现场解说员。罗伯特虽然是无意的，但也在讲述自己阅读后某一刻发生的故事，一个关于遗忘的故事。

我的第三个故事叫作"感觉无聊的男孩"，也是用来说明讨论阅读时发生的事情的。

一个相当温暖的午后——或许温度也和后面发生的事有关——我正和另一位老师一起给一群15岁的学生上课。我的同事坚持要求学生写一篇指定书目的读后感。（由此可见这是很久以前的事了。那时我还在学校教书，刚刚开始从事这个职业。现在我绝不会赞同这种做法。）一个叫斯蒂芬的男孩交上来的读后感只有短短一句话："这是我读过的最无聊的书。"我的同事紧盯着这句话，然后暴跳如雷，严厉地斥责斯蒂芬，说他无礼、不听话，还有其他老师可以毫不顾忌地用来训斥学生的字眼，然后命令他离开教室。毫无疑问，这意味着在关系、责任和纪律三个层面彻头彻尾的失败。但更糟糕的是，这是教师一方在认知上的失职。他显然不了解阅读和批评重建该怎么做。阅读让人感觉无聊，不仅应该是意料之中的事，而且就像遗忘一样是不可避免的。无聊是身为读者的体验之一，是重构行为的一部分，让读者**说出**自己在阅读过程中的经历，当然也应该包括无聊。

因此无论是谁，都可以将以下这个最好用、最具启发性的问题抛给读者：跟我讲一讲这个故事哪里让你觉得最无聊？那么，无聊的感觉究竟从何而来？一开始我们读得停不下来，读得忘乎所以，只想快点儿读完，然而突然之间，也可能只是翻了一两页之后，我们就发现自己无法再沉浸于一贯的快乐之中了，不得不"浮出水面"。于是我们开始走神。这是为什么呢？难道是因为精力耗尽了？原因应该与读书以外的个人生活有关。

但是，就像我们在书本以外的生活一样，书本里的生活也有它自己的节奏。如果我们再看一遍刚刚读到的内容，可能就会发现其中的变化，比如故事的结构变得不一样了。这里出现了一个需要关注的新的乐段，或者之前出现过的乐段再次占据了主导，又或者是其他什么变化。然而，我们的思想却还停留在已经结束的那段旋律上，仍然对它恋恋不舍，仍然想要留在那里。此时，新出现的旋律反而成了一种干扰、一种阻断，以至于我们试图通过转移注意力来保护自己，用我们刚才的话说，就是产生了"无聊"的感觉。

当然，在重读的过程中，我们或许会发现，之前令我们兴味索然的文本如今又再次充满了吸引力。这种吸引力深深触达了我们的内心，让我们感受到了与之前一样的快乐。于是我们的注意力再一次集中到了书上。这不正是我们习以为常的阅读体验吗？不正是反复阅读的理由吗？我们所渴望的不仅是重新体验那种狂喜，也是为了发现截然不同的风景和背景，攫取重生的喜悦。我们与书籍耳鬓厮磨，是出于一种混乱而永远得不到满足的欲望，是因为我们总是在渴求新鲜与刺激。如果一本书过于端庄，讲故事时千篇一律，只会令我们厌弃它，而不会一次又一次地宠幸它。每一本文学作品的内心都有一个成为"山鲁佐德"（Scheherazade）[1]的愿望。

---

[1] 译者注：山鲁佐德，阿拉伯民间故事集《一千零一夜》里宰相的女儿。当时的国王生性残暴，每日娶一少女，第二天清晨便将其杀掉。山鲁佐德为拯救无辜的女子，自愿嫁给国王，每晚给国王讲故事。讲到最精彩处，天刚好亮了，国王因为想听故事而不忍杀她，允许她下一夜继续讲。她的故事一直讲了一千零一夜，国王终于被感动，与她白首偕老。

以上只是粗略的论述，并未穷尽书内外蕴含的导致无聊的各种可能。其实，我想说的是，无聊是阅读生活里的既成事实。它是如此重要，以至于我们在对待年轻的、经验尚浅的读者时，要特别留心这个问题。那么，我们究竟该如何对待那个感觉无聊的男孩？他的读后感本应成为一场讨论的开端。他的无聊模式值得探究。人们十分乐于表达自己的喜爱之情，同样也喜欢表达不满。人们喜欢某件事物的理由不一样，不喜欢某件事物的理由同样会千差万别。由此产生的重建可以引发对一部作品及其**文本**的比较讨论，增进人们对作品的理解，并从中获得更多快乐。这种分享本身也是一种"重读"，借由分享我们构建出了一个遵循新秩序的**文本**，一本或许永远不会被发现的新书：由我们共同撰写的书。

在所有这些或批评或附和的对话中，我们分享彼此的热情与困惑，分享书籍和我们自身之间产生的意义上的共鸣——首先是作为个体的我们，然后是作为集体的我们。因为通过分享各自持有的**文本**——虽然我们读的是同一本书，但每个人心中的这本书都不一样——我们构建出了另一个共同的、多重的**文本**。它往往更为复杂，也更为有趣，并且与我们在阅读时自行创造的那个**文本**并不相同。我们成功了，仅仅凭借讲述自己的阅读故事，以及聆听别人讲述的阅读故事，我们就完成了这一**文本**的构建。

乔纳森·卡勒是这样说的："于是对一部作品的解读成为对读者经历的描述：各种约定俗成、各种期待在其中发挥了怎样的作用；哪些地方出现过具体的关联或假设，读者的期望是破灭了还是最终达成了。"当然，罗兰·巴特的《S/Z》为此提供了最令人难忘和最复杂的批评理论案例。其实儿童也可以做到这一点，即便是年龄很小的儿童。前提是要有一位了解整个过程且富有同理心的成年人在前面领路。一直以来，**一直以来**，都是站在儿童和书籍之间的成年人，让我们成为某一类读者。最擅长此道的大人，会把所有类型的读物（包括各种形式和内容）摆在孩子面前，帮助他们讲述自己的阅读故事，帮助他们自行发现文学的影响力与多样性。

斯蒂芬，这个感到无聊的男孩，本可以使课堂讨论变得十分活跃。然而事实上这些学生都在积极表达老师希望他们表达的东西。如果斯蒂芬能够解释自己为何无聊，或许其他孩子就能摆脱学校训练的束缚。这种训练教会他们"假装"对阅读有所反应，其实那并非是发自内心的真实反应。本来，斯蒂芬或许能够意识到，他在阅读时出现的反应，**无论**怎样，都是生活的真实写照，而且完全可以理直气壮地说出来，甚至会派上大用场。这些素材原本能够令他的阅读充满欢乐，帮助他增进对文学、对自身的理解。而实际上他所遭到的对待仅仅是再次向他自己、向其他人证明：文学并不是关于**他们的**，而是关于那些他们所不了解的、由更权威的存在直接告诉他们的东西，然后要求他们复述，仿佛他们自己——一群小学生——真是这么想的一样。这是多么悲观厌世、心怀不满的社会，才会存在如此虚假、如此高效的教育手段。其结果就是我们中的绝大多数人彻底地厌弃文学，拒绝阅读母语纸质文学作品。

然而，这种事态并非无可救药。我和你们许多人一样，看到这种糟糕的教学方式在一年之内发生了改变，整个学校都重拾了对文学的尊重，对阅读的兴趣。一所学校能做到的，整个国家也能做到。这就引出了我接下来要讲的故事——"玩儿'看谁能发现'游戏的孩子们"。

一所英国小学的新校长对校内单调乏味的文学氛围感到担忧。她决定每天下午约几组学生进行面谈，每组大概6到7个人。面谈的内容就是为学生介绍几本书，读给他们听，然后让他们随意发表读后感，以及听一听他们彼此交谈的内容。她推荐给孩子们的绘本之一是安东尼·布朗的《公园漫步》。令她惊喜的是，这些八九岁的孩子竟能注意到一些连她都未曾留意的细节，尽管她自认为对这本书十分熟悉。而且，他们之所以关注画面上的那些奇怪之处，往往是出于令人意想不到的理由；更重要的是，这些理由对理解这本书的意义极具启发性。这位校长以此为基础调整了学校文学课的授课方式，把课堂变成了妙趣横生的阅读场所。[1]

在一个偶尔路过的人眼中，那些专心阅读《公园漫步》的孩子似乎只是在玩耍。的确，近期批评家对文学"游戏性"的论述已有不少，其中相当一部分都郑重其事地指向了儿童文学、儿童文学作家、教师以及成人读者。（我常常在想，为什么文学批评家们还没有意识到，当他们谈论现象学、结构主义、解构主义或任何其他批评方法时，他们提到的所有那些观点的最佳证明，几乎都可以在儿童文学中得到最清晰、最容易的验证。与此相反，我们这些关注儿童文学的人，为什么现在，或者说一直以来，都未能迅速地将两者联系起来？）然而，游戏深层次的本质是什么？我的意思是，除了将其视为一种学习的途径，还有什么？我的想法是这样的：游戏性，特别是玩耍的游戏性，在于"穷尽所有"。我们在游戏中尝试所有的

---

[1] 作者注：我在本书《劈开内心冰封大海的斧头》一章中介绍了这个实例，这里不再赘述。

可能性。我们努力寻找答案、赢得分数，令对手怅然若失。一个游戏，当所有目标都已达成，它就结束了；一场比赛，当所有规则都已实现，当每个人都轮了一圈，当所有"台词"（如果我们把游戏比作剧院里的演出）都已说完并被表演完，它就结束了。留下的只有做这件事的经历——或者说，留下的只是对这段经历的记忆。

文学的"顽劣"之处，归根结底在于我们总希望能对语言"言尽其用"，在于作者总是竭力想要完善语言、总结语言、用尽语言。每一本书直至出版的那一刻都不能让作者满意，因为它没有实现作者想要的初衷：用语言做个了断。于是作者必须再写一本书，这是出于什么呢？——愚蠢？疯狂？——不。这是出于神经质的强迫症的渴望，以期实现语言的充沛。至于读者，他们总想着快看结尾，总想着把书读完。各位有没有见过，幼稚的青少年读者如何伸手去拿最薄的书，先翻看有多少页，然后选拣页码最少的那一本的？在选择读什么的时候，他们偏要选择那些内容最少的来读，这不是很讽刺吗？我想我们所有人都希望有朝一日能发现一本短小精悍的书，只需一句简短却让人全心投入的华丽辞藻，就能穷尽所有语言，最后在痛苦又极度兴奋的高潮中画下结束的句点！

正因为我们清楚永远找不到，才会重读那些最接近这种体验的书。我们以为这一次再读，就能发现其中的隐藏版本，前一次错过的版本，然后，一切就能结束。即便如此，我们也知道人类永远无法穷尽语言，语言却能让人类精疲力竭。语言超越了人，这是语言的真谛。但我们仍然执着于成为主人，成为掌控者，一次又一次发起进攻，好像我们可以终结语言，但却总是被语言所终结。这才是真正的游戏，这才是阅读的顽劣本性。

有一件事时常令我感到困扰，那就是许多儿童读物的字里行间都缺乏足够的趣味性。乏善可陈、畏手畏脚的作品大行其道。我倒可以为这种情况提供一个解释。还记得那个"容易忘事的男孩"的故事吗？当我问两组孩子最喜欢《你的礼物呢》这本书的哪一部分时，无论是听过故事的人，还是自己读过故事的人，都给出了一样的回答，就是被他们称为"在伍尔沃斯的争吵"的那段。其实那并不是一个完整场景，而是在某一时刻三个主要角色同时冲着对方大喊大叫。在这一页，他们的对话以三组平行的话语形式呈现，每一段话出自一个角色之口，每一句都针锋相对。这场争吵在露西喊出"偷东西"这个字眼之后戛然而止。

听老师大声朗读这个故事的一组学生显然最喜欢这一段，因为当他们的老师读到这儿的时候，还将这一页展示给大家看，以便解释为什么自己一个人无法完成朗读。然后，老师挑了两个学生和她一起演绎吵架的情节，每个人扮演一个角色，就像是在表演一出戏。这种从高声朗读转向戏剧表演的行为显然让大家非常开心。不仅如此，接下来，他们开始滔滔不绝地讲述听故事时的感受。一些人发现，他们好像只是"主要"听到了某个角色的话，而其他角色的话自己只听到了一部分。显然，并非每个人都听到了一样的内容，也没有人能同时记住三个人说过的所有话。如果想要把争吵中所有的对话内容和意思都理清楚，他们就必须重新构建作为听众的不同体验，然后再把这些体验进行汇总。仅仅是因为书的叙事形式，就迫使读者进入到这场阅读戏剧的第三幕——重建，尽管读者仍处在第二幕——

阅读的阶段。此时的读者已变成作者。他们是在共同创作这个故事及其意义。

第二组孩子，也就是自行阅读的这些学生，也赞同这部分是最有意思的内容之一。但在他们看来，这三大段内容的视觉效果尤其有趣，而且他们自己选择了先读哪段，再读哪段，最后读哪段。他们选择的顺序各有不同（这是他们自己告诉我的，真是惊喜的发现）。并不是像我预期的那样，所有人都是从左栏读到右栏。但是，毫无疑问，他们都不得不暂停之前的阅读节奏。整个叙事被"搁置"了。但是这种中断非但没有让他们扫兴，反而让他们的兴致更加高昂。他们被这个游戏所吸引，同时因为这个叙事动作而暂时停了下来，思考其中的意义。他们才开始构建，就要同时开始重建。因此，他们既体验到了即时参与的乐趣，又体验到了在保持距离的前提下进行思考与批评的快乐。（顺便说一下，我的这种做法完全不同于某些教师的做法——他们会为了确认学生是否在认真听讲，或者是否理解讲课的内容，而武断地中止学生的叙述并询问学生是否明白——我叙述故事的方式造成了叙事节奏的中断，但却没有让学生因此偏离对叙事的专注。这种搁置本身就是故事的一部分。）

他们之所以乐在其中，是因为形式和内容的结合方式吸引了他们。但我在创作这个故事的时候，却有些担心，10岁、11岁的读者会不会对这种设计产生抗拒心理？我的编辑也曾和我讨论此事，并抱有同样的担忧。直到通过观察"玩儿'看谁能发现'游戏的孩子们"这类活动，才让我终于确信这样处理故事的效果最好。儿童不仅能够轻松地读懂这段情节，还能获得更多乐趣。即便几年前他们还做不到，但现在肯定没问题，因为电影和电视已经让这种叙事策略变得司空见惯。

当然，我们还是不断听到有人说，儿童需要并且喜欢那些由稳定的、连贯的、不间断的叙事方式和事件串联起来的故事；而"碎片化叙事"——有时会被冠以这种错误的称谓，儿童既不喜欢，也无法理解。而我，无论是作为一名作者、读者还是老师，却有着完全相反的体验。丰富、厚重、表面循规蹈矩，实则有诸多复杂内涵等待挖掘，这才是能够吸引我和许多儿童的那种文学。当然，前提是故事之间必须存在关联。所有的故事都脱胎于其他故事；所有的阅读，都来自我们之前的阅读。如果我们能获得的文学作品类型有限，就会成为被某种类型作品所束缚的读者。

如果你想成为一个富足的读者，就一定要去文学资源丰富的地区勘探。不管你是刀刻斧凿，还是带着大型设备和各种培训成果进驻，但凡具备一定文学素养的读者，都不会停止挖掘文学宝藏。他们渴望回报，渴望找到厚度可观，同时又容易开采的"矿脉"。无论是一个人单干还是结成国际联盟，文学掘金者要做的都是买下整片土地，接管它，据为己有，直到将这里的"矿藏"全部采尽。然后离开，前往新的处女地。如果一个地方"矿藏"足够丰富，他们也可以定居下来，建造家园，美化环境，开放参观，并开始考虑保护这里的环境。

文学就属于这种"富矿"。事实上文学堪称最丰富的宝藏，并且是一座"活矿"。谁也无法将它穷尽，因为它可以自生，挖走一部分，更多的会冒出来。它又比黄金更理想，因为每个人都可以同时拥有同样多的储藏量。对于电子书，我们始终保持着观望的态度。有朝一日，我们希望，它能为我们提供一种新的写作方式、一种强大的阅读机器，挖出更多宝藏，交到更多人手中。那么究竟谁才是书真正的主人？是你，是我，是我们：是每一个成为读者的人。每一本书，都属于由读者组成的集体，属于这个集体的全体成员。

注释与参考文献
Notes and References

本书引用或提及的著作和文章

（以作者英文姓氏为序）

W. H. Auden, 'Reading' in *The Dyer's Hand and Other Essays*, Faber & Faber, 1963

Roland Barthes, *Image-Music-Text* (ed. Stephen Heath), Fontana/Collins, 1977

Roland Barthes, *S/Z*, Hill & Wang, New York, 1974

Wayne C. Booth, *The Rhetoric of Fiction*, University of Chicago Press, 1961

Lucy Boston, in *A Sense of Story* by John Rowe Townsend, Longman, 1971

Lucy Boston, *The Children of Green Knowe*, Faber & Faber, 1954; quoted from the Faber paperback, 1963

Lucy Boston, *Yew Hall*, Bodley Head, 1972. First published Faber & Faber, 1954

Kenneth Burke, *The Philosophy of Literary Form*, Vintage, New York, 1967

Dorothy Butler, *Cushla and Her Books*, Hodder & Stoughton, 1979

Lewis Carroll, *Through the Looking-Glass*, Macmillan, 1872; quoted from New Children's Edition, Macmillan, 1980

Aidan Chambers, *Fox Tricks*, Heinemann, 1980

Aidan Chambers, *Introducing Books to Children*, second edition, Horn Book, Boston, 1983. First published Heinemann Educational Books, 1973

Aidan Chambers, *The Reluctant Reader*, Pergamon, 1969

Jonathan Culler, *On Deconstruction: Theory and Criticism After Structuralism*, Routledge & Kegan Paul, 1983

Roald Dahl, 'The Champion of The World' in *Kiss Kiss*, Michael Joseph 1960; quoted from the Penguin paperback, 1962

Roald Dahl, *Danny: The Champion of the World*, Jonathan Cape, 1975

David Daiches, *Critical Approaches to Literature*, Prentice-Hall, New Jersey, 1956

John Fowles, *Daniel Martin*, Jonathan Cape, 1977

Hans-Georg Gadamer, *Truth and Method*, Sheed & Ward, 1975

Alan Garner, in *The Reluctant Reader* by Aidan Chambers, Pergamon, 1969

Gérard Genette, *Narrative Discourse*, Basil Blackwell, 1980

Richard Hoggart, 'Finding a Voice' in *Speaking to Each Other*, Vol. 2, *About Literature*, Chatto & Windus, 1970

Wolfgang Iser, *The Act of Reading: A Theory of Aesthetic Response*, Routledge & Kegan Paul, 1978

Wolfgang Iser, *The Implied Reader: Patterns of Prose Fiction From Bunyan to Beckett*, Johns Hopkins, Baltimore, 1974

Franz Kafka, *Briefe 1902–1924*, Frankfurt, 1958; quoted from *The Modern English Novel: The Reader, the Writer and the Work* (ed. Gabriel Josipovici), Open Books, 1976

Frank Kermode, *Essays on Fiction 1971–82*, Routledge & Kegan Paul, 1983

Alvin Kernan, in *The 'Revels' History of Drama in English*, Vol. III, 1576–1613, by J. Leeds Barroll, Alexander Leggatt, Richard Hosley, and Alvin Kernan, Methuen, 1975

F. H. Langman, 'The Idea of the Reader in Literary Criticism' in *The British Journal of Aesthetics*, January 1967

William Mayne, *A Game of Dark*, Hamish Hamilton, 1971

James Moffett, *Teaching the Universe of Discourse*, Houghton Mifflin, Boston, 1968

Arthur Ransome, *Swallows and Amazons*, Jonathan Cape, 1930; quoted from Puffin paperback, 1962

Charles Sarland, 'Chorister Quartet', *Signal* 18, September 1975

Laurence Sterne, *The Life and Opinions of Tristram Shandy, Gentleman*, Book 2, chapter II; quoted from Penguin English Library edition, 1967

Kathleen Tillotson, 'The Tale and the Teller' in *Mid-Victorian Studies* by Geoffrey and Kathleen Tillotson, Athlone Press, 1965

Sarah Trimmer, 'Observations on the Changes Which have Taken Place in Books for Children and Young Persons'(1802); quoted from *A Peculiar Gift: Nineteenth Century Writings on Books for Children* (ed. Lance Salway), Kestrel, 1976

Hayden White, 'The Value of Narrativity in the Representation of Reality', *Critical Inquiry*, Autumn 1980, Vol.7, No.1

Reiner Zimnik, *The Crane: A Story With Pictures*, Brockhampton, 1969

Paul Zindel, *I Never Loved Your Mind*, Bodley Head, 1971

本书讨论或提及的 20 世纪儿童文学作品

（以作者英文姓氏为序）

Janet & Allan Ahlberg, *Each Peach Pear Plum*, Kestrel, 1978

Nina Bawden, *Carrie's War*, Gollancz, 1973

Enid Blyton, *The Mystery of the Strange Bundle*, Methuen, 1952

Lucy Boston, *The Children of Green Knowe*, Faber & Faber, 1954

Raymond Briggs, *Fungus the Bogeyman*, Hamish Hamilton, 1977

Jeff Brown, *Flat Stanley*, Methuen, 1968

Anthony Browne, *Hansel and Gretel*, Julia MacRae, 1981

Anthony Browne, *A Walk in the Park*, Hamish Hamilton, 1977

John Burningham, *Come Away From the Water, Shirley*, Jonathan Cape, 1977

Betsy Byars, *The Eighteenth Emergency*, Bodley Head, 1974

Betsy Byars, *The Midnight Fox*, Faber & Faber, 1970

Betsy Byars, *The Pinballs*, Bodley Head, 1977

Aidan Chambers, *Breaktime*, Bodley Head, 1978

Aidan Chambers, *Dance on My Grave*, Bodley Head, 1982

Aidan Chambers, *The Present Takers*, Bodley Head, 1983

Beverly Cleary, *Fifteen*, Penguin, 1962

Beverly Cleary, *Ramona the Pest*, Hamish Hamilton, 1974

William Corlett, *The Gate of Eden*, Hamish Hamilton, 1974

Robert Cormier, *After the First Death*, Gollancz, 1979

Robert Cormier, *The Chocolate War*, Gollancz, 1975

Robert Cormier, *I Am the Cheese*, Gollancz, 1977

Roald Dahl, *Danny: The Champion of the World*, Jonathan Cape, 1975

Alan Garner, *The Aimer Gate*, Collins, 1978

Alan Garner, *The Owl Service*, Collins, 1967

Alan Garner, *Red Shift*, Collins, 1973

Alan Garner, *The Stone Book*, Collins, 1976

Alan Garner, *Tom Fobble's Day*, Collins, 1977

Alan Garner, *The Weirdstone of Brisingamen*, Collins, 1960

Kenneth Grahame, *The Wind in the Willows*, Methuen, 1908

Florence Parry Heide, *The Shrinking of Treehorn*, Kestrel, 1975

Russell Hoban, *The Mouse and His Child*, Faber & Faber, 1969

Felice Holman, *Slake's Limbo*, Macmillan, 1980

Ted Hughes, *The Iron Man*, Faber & Faber, 1968

Pat Hutchins, *Rosie's Walk*, Bodley Head, 1968

Charles Keeping, *Charley, Charlotte and the Golden Canary*, Oxford University Press, 1967

Charles Keeping, *Joseph's Yard*, Oxford University Press, 1969

Gene Kemp, *The Turbulent Term of Tyke Tiler*, Faber & Faber, 1977

Arnold Lobel, *Fables*, Jonathan Cape, 1980

William Mayne, *A Game of Dark*, Hamish Hamilton, 1971

Jan Needle, *My Mate Shofiq*, Deutsch, 1978

Robert C. O'Brien, *Mrs Frisby and the Rats of NIMH*, Gollancz, 1972

Philippa Pearce, *The Battle of Bubble and Squeak*, Deutsch, 1978

Philippa Pearce, *A Dog So Small*, Constable, 1962

Philippa Pearce, *Tom's Midnight Garden*, Oxford University Press, 1958

Arthur Ransome, *Swallows and Amazons*, Jonathan Cape, 1930

Maurice Sendak, *Outside Over There*, Bodley Head, 1981

Maurice Sendak, *Where the Wild Things Are*, Bodley Head, 1967

Robert Westall, *The Machine-Gunners*, Macmillan, 1975

E. B. White, *Charlotte's Web*, Hamish Hamilton, 1952

Laura Ingalls Wilder, *Little House in the Big Woods*, Methuen, 1956

Patricia Windsor, *The Summer Before*, Macmillan, 1975

Reiner Zimnik, *The Crane*, Brockhampton, 1969; Macmillan, 1978

Paul Zindel, *I Never Loved Your Mind*, Bodley Head, 1971

本书引用或提及的部分著作中译版索引

（以英文版书名首字母为序）

《阅读活动：审美反应理论》（*The Act of Reading: A Theory of Aesthetic Response*）/［德］沃尔夫冈 · 伊瑟尔（Wolfgang Iser）著；金元浦，周宁译；北京：中国社会科学出版社，1991

《汤姆 · 索亚历险记》（*The Adventures of Tom Sawyer*）/［美］马克 · 吐温（Mark Twain）著；黄天怡译；北京：中信出版社，2019. 成时译；北京：人民文学出版社，2018. 张建平译；上海：上海译文出版社，2012

《爱丽丝漫游奇境》（*Alice's Adventures in Wonderland*）/［英］刘易斯 · 卡罗尔（Lewis Carroll）著；张晓路译；北京：人民文学出版社，2022

《动物庄园》（*Animal Farm*）/［英］乔治 · 奥威尔（George Orwell）著；隗静秋译；南京：译林出版社，2019. 又译《动物农场》/荣如德译；上海：上海译文出版社，2018

《绿山墙的安妮》（*Anne of Green Gables*）/［加］露西 · 莫德 · 蒙哥马利（Lucy Maud Montgomery）著；马爱农译；北京：人民文学出版社，2021. 张炽恒译；南京：江苏凤凰文艺出版社，2021

《休息时间》（*Breaktime*）/［英］艾登 · 钱伯斯（Aidan Chambers）著；何佩桦译；台北：小知堂文化事业有限公司，2001

《麦田里的守望者》（*The Catcher in the Rye*）/［美］J. D. 塞林格（J. D. Salinger）著；孙仲旭译；南京：译林出版社，2022

《夏洛的网》（*Charlotte's Web*）/［美］E. B. 怀特（E. B. White）著；任溶溶译；上海：上海译文出版社，2014

《巧克力战争》（*The Chocolate War*）/［美］罗伯特 · 科米尔（Robert Cormier）著；徐彬，孙路平译；南京：译林出版社，2018

《莎莉，离水远一点》（*Come Away From the Water, Shirley*）/［英］约翰·伯宁罕（John Burningham）著绘；宋珮译；石家庄：河北教育出版社，2020

《珊瑚岛》（*The Coral Island*）/［英］R. M. 巴兰坦（R. M. Ballantyne）著；沈忆文，沈忆辉译；北京：中国对外翻译出版社，2012

《少年盟约》（*Dance on My Grave*）/［英］艾登·钱伯斯（Aidan Chambers）著；陈佳琳译；长沙：湖南文艺出版社，2013. 又译《在我坟上起舞》/ 李德俊译；南京：译林出版社，2004

《世界冠军丹尼》（*Danny: The Champion of the World*）/［英］罗尔德·达尔（Roald Dahl）著；紫岫译；济南：明天出版社，2009

《推销员之死》（*Death of a Salesman*）/［美］阿瑟·米勒 (Arthur Miller) 著；英若诚译；上海：上海译文出版社，2020

《染匠之手》(*The Dyer's Hand and Other Essays*)/［英］W. H. 奥登（W. H. Auden）著；胡桑译；梵予校；上海：上海译文出版社，2018

《恋情的终结》（*The End of the Affair*）/［英］格雷厄姆·格林（Graham Greene）著；柯平译；南京：译林出版社，2008

《然后，然后呢？——儿童哲思寓言》（*Fables*）/［美］阿诺德·洛贝尔（Arnold Lobel）著；阿甲译；贵阳：贵州人民出版社，2020

《当代寓言集》（*Fables for Our Time and Further Fables for Our Time*）/［美］詹姆斯·瑟伯（James Thurber）著；杨立新，冷杉译；北京：人民文学出版社，2017

《纸片人斯坦利大冒险》（*Flat Stanley*）/［美］杰夫·布朗（Jeff Brown）著；漆仰平译；北京：北京联合出版公司，2019

《四个四重奏》(*Four Quartets*)/［英］T. S. 艾略特 (T. S. Eliot) 著；裘小龙译；南京：译林出版社，2017

《尼姆的老鼠》（*Mrs Frisby and the Rats of NIMH*）/［美］罗伯特·奥布赖恩（Robert C. O'Brien）著；贾淑勤译；长沙：湖南少年儿童出版社，2020

《方格菌》（*Fungus the Bogeyman*）/［英］雷蒙德·布里格斯（Raymond Briggs）著绘；叶敏译；北京：北京联合出版公司，2022

《金色笔记》（*The Golden Notebook*）/［英］多丽丝·莱辛（Doris Lessing）著；陈才宇，刘新民译；南京：译林出版社，2014

《汉赛尔与格莱特》（*Hansel and Gretel*）/［英］安东尼·布朗（Anthony Browne）著绘；柳漾译；南昌：二十一世纪出版社，2015

《希尔和特》（缩微版）（*Hereward the Wake*）/［英］查理·金斯黎（Charles Kingsley）著；伍光建选译；北京：全国图书馆文献缩微中心，2007

《哈克贝利·费恩历险记》（*Huckleberry Finn*）/［美］马克·吐温（Mark Twain）著；张友松译；北京：人民文学出版社，2020

《铁巨人》（*The Iron Man*）/［英］特德·休斯（Ted Hughes）著；［英］安德鲁·戴维森（Andrew Davidson）绘；陈笑黎译；昆明：晨光出版社，2018

《约瑟夫的院子》（*Joseph's Yard*）/［英］查尔斯·奇宾（Charles Keeping）著；林真美译；台北：远流出版社，1999

《李尔王》（*King Lear*）/［英］威廉·莎士比亚（William Shakespeare）著；朱生豪译；南京：译林出版社，2018

《所罗门王的宝藏》（*King Solomon's Mines*）/［英］亨利·赖德·哈格德（H. Rider Haggard）著；韩慧强译；北京：人民文学出版社，2022

《项狄传》（*The Life and Opinions of Tristram Shandy, Gentleman*）/［英］劳伦斯·斯特恩（Laurence Sterne）著；蒲隆译；上海：上海译文出版社，2020

《大森林里的小木屋》(*Little House in the Big Woods*) / [美] 劳拉·英格斯·怀德 (Laura Ingalls Wilder) 著; 马爱农译; 桂林: 广西师范大学出版社, 2019

《小妇人》(*Little Women*) / [美] 路易莎·梅·奥尔科特 (Louisa May Alcott) 著; 刘春英, 陈玉立译; 南京: 译林出版社, 2020

《小机枪手》(*The Machine-Gunners*) / [英] 罗伯特·韦斯托尔 (Robert Westall) 著; 陈维译; 南昌: 二十一世纪出版社, 2016

《人及其象征》(*Man and His Symbols*) / [瑞士] 卡尔·荣格 (Carl G. Jung) 著; 龚卓军译; 新北: 立绪文化事业有限公司, 2013. 张举文等译; 沈阳: 辽宁教育出版社, 1988

《卡斯特桥市长》(*The Mayor of Casterbridge*) / [英] 托马斯·哈代 (Thomas Hardy) 著; 黄瑶编译; 北京: 北京语言大学出版社, 2021

《午夜黑狐》(*The Midnight Fox*) / [美] 贝茜·拜厄斯 (Betsy Byars) 著; 高毅绘; 张春红译; 合肥: 安徽少年儿童出版社, 2013

《老鼠父与子: 不可思议的旅程》(*The Mouse and His Child*) / [美] 拉塞尔·霍本 (Russell Hoban) 著; 杨一俐译; 西安: 陕西人民教育出版社, 2020

《叙事话语　新叙事话语》(*Narrative Discourse, Narrative Discourse Revisited*) / [法] 热拉尔·热奈特 (Gérard Genette) 著; 王文融译; 北京: 中国社会科学出版社, 1990

《诺桑觉寺》(*Northanger Abbey*) / [英] 简·奥斯丁 (Jane Austen) 著; 孙致礼译; 北京: 人民文学出版社, 2017

《雾都孤儿》(*Oliver Twist*) / [英] 查尔斯·狄更斯 (Charles Dickens) 著; 荣如德译; 上海: 上海译文出版社, 2022

《论解构: 结构主义之后的理论与批评》(*On Deconstruction: Theory and Criticism After Structuralism*) / [美] 乔纳森·卡勒 (Jonathan Culler) 著; 陆扬译; 北京: 中国人民大学出版社, 2018

《在那遥远的地方》（*Outside Over There*）/［美］莫里斯·桑达克（Maurice Sendak）著绘；王林译；海口：南海出版公司，2012

《猫头鹰恩仇录》（*The Owl Service*）/［美］艾伦·加纳（Alan Garner）著；蔡宜容译；上海：少年儿童出版社，2005

《帕梅拉》（*Pamela*）/［英］塞缪尔·理查森（Samuel Richardson）著；吴辉译；南京：译林出版社，2002

《你的礼物呢》（*The Present Takers*）/［英］艾登·钱伯斯（Aidan Chambers）著；容晨阳译；兰州：甘肃少年儿童出版社，2016

《小淘气交朋友》（*Ramona the Pest*）/［美］贝芙莉·克莱瑞（Beverly Cleary）著；［美］杰奎琳·罗杰斯（Jacqueline Rogers）绘；郭红梅，徐彬译；天津：新蕾出版社，2014. 又译《小淘气拉蒙娜》/马爱农译；青岛：青岛出版社，1989

《追忆似水年华》（*Remembrance of Things Past*）/［法］马塞尔·普鲁斯特（Marcel Proust）著；第一卷，李恒基，徐继曾译；第二卷，桂裕芳，袁树仁译；第三卷，潘丽珍，许渊冲译；第四卷，许钧，杨松河译；第五卷，周克希，张小鲁，张寅德译；第六卷，刘方，陆秉慧译；第七卷，徐和瑾，周国强译；南京：译林出版社，2022

《小说修辞学》（*The Rhetoric of Fiction*）/［美］韦恩·布斯（Wayne C. Booth）著，华明译，北京：北京大学出版社，1986

《鲁滨孙漂流记》（*Robinson Crusoe*）/［英］丹尼尔·笛福（Daniel Defoe）著；孙法理译；北京：人民文学出版社，2016

《母鸡萝丝去散步》（*Rosie's Walk*）/［美］佩特·哈群斯（Pat Hutchins）著；上谊出版部译；上海：少年儿童出版社，2005

《大海，大海》（*The Sea, The Sea*）/［英］艾丽丝·默多克（Iris Murdoch）著；梁永安译；上海：上海译文出版社，2021

《地下 121 天》（*Slake's Limbo*）/［美］费利斯·霍尔曼（Felice Holman）著；蔡美玲译；昆明：晨光出版社，2014

《儿子与情人》（*Sons and Lovers*）/［英］D. H. 劳伦斯（D. H. Lawrence）著；刘文澜，陈良廷译；北京：人民文学出版社，2020

《燕子号与亚马逊号》（*Swallows and Amazons*）/［英］亚瑟·兰塞姆（Arthur Ransome）著；武越，梅春丽等译；贵阳：贵州人民出版社，2013

《S／Z》/［法］罗兰·巴特（Roland Barthes）著；屠友祥译；上海：上海人民出版社，2000

《说来听听》（*Tell Me*）/［英］艾登·钱伯斯（Aidan Chambers）著；蔡宜容译；北京：五洲传播出版社，2011

《汤姆·布朗的求学时代》（简写本）（*Tom Brown's Schooldays*）/［英］托马斯·休斯（Thomas Hughes）著；姚天宠注释；上海：上海译文出版社，1983

《汤姆的午夜花园》（*Tom's Midnight Garden*）/［英］菲莉帕·皮尔斯（Philippa Pearce）著；马爱农译；北京：人民文学出版社，2015

《爱丽丝镜中奇遇记》（*Through the Looking-Glass*）/［英］刘易斯·卡罗尔（Lewis Carroll）著；冷杉译；北京：人民文学出版社，2017

《金银岛》（*Treasure Island*）/［英］罗伯特·路易斯·史蒂文森（Robert Louis Stevenson）著；王宏译；南京：译林出版社，2020. 荣如德译；上海：上海译文出版社，2013

《真理与方法》（*Truth and Method*）/［德］汉斯-格奥尔格·伽达默尔（Hans-Georg Gadamer）著；洪汉鼎译；上海：上海译文出版社，2004

《尤利西斯》（*Ulysses*）/［爱尔兰］詹姆斯·乔伊斯（James Joyce）著；金隄译；北京：人民文学出版社，2018

《荒原》（*The Waste Land*）/［英］T. S. 艾略特（Thomas Stearns Eliot）著；张炽恒译；上海：上海文艺出版社，2020

《宝石少女》（*The Weirdstone of Brisingamen*）/［美］艾伦·加纳（Alan Garner）著；彭懿，杨玲玲译；上海：少年儿童出版社，2005

《野兽国》（*Where the Wild Things Are*）/［美］莫里斯·桑达克（Maurice Sendak）著；宋珮译；贵阳：贵州人民出版社，2014. 又译《野兽出没的地方》/ 阿甲译；济南：明天出版社，2009

《柳林风声》（*The Wind in the Willows*）/［英］肯尼思·格雷厄姆（Kenneth Grahame）著；任溶溶译；上海：上海译文出版社，2022

编者注：1. 以上著作涉及多个版本时，按出版时间倒序排列；2. 以上著作、作者译名基于国家图书馆收录的中文译本，个别有异。

鸣　谢

Acknowledgments

《文学在童年时期的作用》首次发表于《1981 年国际学校图书馆员协会十周年大会报告》（10th Anniversary Conference Proceedings 1981），主办机构：威尔士图书馆学院（College of Librarianship, Wales），1982 年。

《劈开内心冰封大海的斧头》首次发表时作为"伍德菲尔德讲座"之四，主办机构：伍德菲尔德与斯坦利有限公司（Woodfield and Stanley Ltd.），哈德斯菲尔德，1981 年。

《书中的读者》首次发表于《信号》杂志第 23 期，1977 年 5 月。

《儿童故事的演变》首次发表于《信号》杂志第 40 期，1983 年 1 月。还收录于《不断变化的儿童世界中的故事——国际儿童读物联盟第十八届大会报告及公报》（*Story in the Child's Changing World*, Papers and Proceedings of the 18th Congress of IBBY），主办机构：剑桥大学丘吉尔学院（Churchill College, Cambridge），1982 年 9 月 6 日—10 日。

《来自英格兰的信——美国作品与英国读者》首次发表于《号角杂志》，1976 年 10 月。

《永远鲜活，永远蓬勃——我如何看待青少年文学》首次发表于彼得·肯纳利编著的《青少年阅读》一书，出版机构：沃德·洛克教育（Ward Lock Educational），1979 年。

《从事儿童文学教育的几点感悟》首次发表于《号角杂志》，1979 年 10 月、12 月。

《谁是书真正的主人？》首次发表于《改变面孔：E 时代的故事与儿童》——在国际儿童读物联盟澳大利亚分会会议上的讲话（关于儿童文学问题的大会，悉尼，1983 年）。出版机构：国际儿童读物联盟，澳大利亚出版社（Australia Publications），悉尼，1984。

索　引

Index

著作权合同登记号 图字：01-2023-0572

Original title: *Booktalk: Occasional Writing on Literature & Children*
Copyright ©1985 Aidan Chambers
First published by The Bodley Head 1985
Reissued by The Thimble Press 1995
Reprinted 2000
Simplified Chinese copyright © 2023 Modern Education Press, Co., Ltd.
All Rights Reserved.

图书在版编目（CIP）数据

书之蜜语：关于文学和儿童的偶谈 /（英）艾登·钱伯斯
(Aidan Chambers) 著；任燕译.—北京：现代教育出版社, 2023.4
书名原文：Booktalk: Occasional Writing on Literature & Children
ISBN 978-7-5106-9156-0

Ⅰ.①书… Ⅱ.①艾… ②任… Ⅲ.①中小学生－读书方法Ⅳ.
①G632.46

中国国家版本馆CIP数据核字（2023）第027460号

书之蜜语：关于文学和儿童的偶谈

著　　者	［英］艾登·钱伯斯
译　　者	任　燕
出 品 人	陈　琦
项目统筹	王晨宇
选题策划	王春霞　赵　晖
责任编辑	王春霞　赵　晖
装帧设计	孙　初　申　祺
出版发行	现代教育出版社
地　　址	北京市东城区鼓楼外大街26号荣宝大厦三层
邮　　编	100120
电　　话	010-64258086（编辑部） 010-64256130（发行部）
印　　刷	北京九天鸿程印刷有限责任公司
开　　本	889 mm×1194 mm　1/32
印　　张	8.25
字　　数	180千字
版　　次	2023年4月第1版
印　　次	2023年4月第1次印刷
书　　号	ISBN 978-7-5106-9156-0
定　　价	49.00元